Rastros:
Treinamento e História de uma Atriz do Odin Teatret

Supervisão editorial: J. Guinsburg
Tradução: Bruna Longo
Preparação de texto: Marcio Honorio de Godoy
Revisão: Lilian Miyoko Kumai
Capa e projeto gráfico: Sergio Kon
Produção: Ricardo W. Neves, Luiz Henrique Soares, Sergio Kon e Raquel Fernandes Abranches

Roberta Carreri

RASTROS

Treinamento e História
de uma Atriz do Odin Teatret

Fotografias de *Pegadas na Neve* de Guendalina Ravazzoni

 PERSPECTIVA

Título do original italiano:
Tracce: Training e storia di un'attrice dell'Odin Teatret

© texto Roberta Carreri
© fotos Guendalina Ravazzoni

cip-Brasil. Catalogação-na-Fonte
Sindicato Nacional dos Editores de Livros, rj

c311r

Carreri, Roberta
    Rastros: treinamento e história de uma atriz do Odin Teatret / Roberta Carreri; [tradução Bruna Longo]; fotografias de Pegadas na Neve de Guendalina Ravazzoni. – São Paulo: Perspectiva, 2011.
    150 il.

    Tradução de: Trace: training e storia di un'atricce dell'Odin Teatret
    Anexos
    isbn 978-85-273-0935-6

    1. Carreri, Roberta. 2. Odin teatret. 3. Atrizes - Itália - Biografia. 4. Representação teatral. I. Título.

11-5726.   cdd: 792.028
                   cdu: 792.028

05.09.11   13.09.11   029468

Direitos reservados em língua portuguesa à
EDITORA PERSPECTIVA S.A.
Av. Brigadeiro Luís Antônio, 3025
01401-000 São Paulo SP Brasil
Telefax: (11) 3885-8388
www.editoraperspectiva.com.br
2011

Sumário

Prefácio em Forma de Carta de Eugenio Barba　9
Agradecimentos　15

RASTROS

Introdução　17
1. Milão e Algumas Datas　21
2. Holstebro e Carpignano Salentino　31
3. A Tradição da Transmissão da Experiência　39
4. Exercícios e Princípios　45
5. O *Slow Motion*　49
6. A Composição　53
7. A Introversão e a Extroversão　59
8. A Dinamarca　65
9. Gerônimo e o Teatro de Rua　69
10. Fontes de Inspiração　77
11. Diálogo com o Cansaço　83
12. A Segmentação　87
13. Ser Decidido　97
14. O Pensamento em Ação　101
15. Improvisações　111
16. A Improvisação Individual　115
17. Compor uma Personagem　121

18.	Pequena Digressão ao Privado	127
19.	Mármore	133
20.	Encontro com Mestres Asiáticos	137
21.	*Judith*	145
22.	A Anotação das Improvisações	153
23.	A Voz no Treinamento e no Espetáculo	163
24.	*Sal*	171
25.	Metamorfoses	181

Fotos de Cena: Uma Galeria de Personagens   187

APÊNDICES
Uma Memória não Apenas e nem Inteiramente para Si Mesma:
Nota Metodológica de Francesca Romana Rietti   207
Passos Atrás: Posfácio de Nando Taviani   211

Créditos Fotográficos   227

Prefácio em Forma de Carta de Eugenio Barba

Holstebro, 23 de outubro de 2006

Querida Roberta,

Vivemos contidos por céus de palavras, de ideias, de histórias e convenções. Sob esses céus flutua uma ilha que chamamos teatro. Podemos habitá-la como um refúgio ou como um lugar para nos erguermos sobre as pontas dos pés para rasgar, aqui e ali, os véus desses céus, na esperança de entrever o ponto de contato entre os dois mundos no qual nos mantemos em equilíbrio: o mundo das ilusões, que nos ajudam a viver, e o outro (o da realidade), que para alguns de nós é insuportável olhar por muito tempo.

Se soubesse desenhar, para o seu livro não teria escrito nada, e teria enviado a você um desenho com esses céus, e dentro o nosso teatro, e você dentro do nosso teatro. Mundos dentro de mundos, com a dupla vontade de proteger-se neles e de rasgá-los.

Há muitos anos, você apareceu na porta do nosso teatro como uma pequena Sexta-Feira desembarcada na ilha de Robinson Crusoé. Não me lembro se explicou as suas *verdadeiras* razões, do que *realmente* fugia e o que perseguia. Você me fez apenas uma pergunta prática: estávamos em condições de te dar um lugar e de nos ocuparmos de você? Poderíamos fazê-lo. De maneira mais ou menos direta fiz a você uma pergunta igualmente prática: estava disposta a permanecer? Estava disposta. Assim disse a mim mesmo: veremos se aguenta. No nosso teatro ninguém recruta, ninguém é recrutado. Testa-se. Depois, no esforço de testar, algo é soldado na relação até que se alcança a certeza – não se sabe nunca se verdadeira ou ilusória – de um vínculo indissolúvel.

Por meses e por anos você foi uma Sexta-Feira a quem era preciso ensinar tudo: como se mover, como fazer ouvir a própria voz, como modelar a sua presença. A isso chamamos "técnica". Mas sabemos bem que é um modo de mudar concretamente a própria vida, mostrando com ações a própria impaciência e a própria esperança não revelada. Com os instrumentos do ofício e sem tantas palavras.

Agora, ao invés de observar seu trabalho fisicamente, folheio as páginas do seu livro e leio suas palavras.

Tenho certeza que você se dá conta, com o passar dos anos, do meu orgulho ao vê-la tornar-se independente, uma atriz capaz de inventar para si a própria estrada, uma aluna que se torna mestra. Enche-me de orgulho o momento em que não devo ensinar mais nada, e podemos trabalhar juntos para construir algo que nenhum dos dois ainda conhece e que será um novo espetáculo. Acho que você pode facilmente imaginar esse orgulho, mesmo quando eu não o mostro.

Acredito, no entanto, que não seja fácil para você imaginar o orgulho que sinto frente ao seu livro. Sinto-o intimamente, cada vez que um de vocês, atrizes e atores do Odin Teatret, escreve e publica. Diante do seu livro, digo a mim mesmo: não apenas conquistou a independência como atriz, mas a conquistou também no plano do ofício intelectual. Sobre os atores, escrevem quase sempre os outros: sobre o trabalho deles, escrevem os espectadores-críticos, os historiadores, os intelectuais por profissão; em nome deles falam com frequência os diretores.

Quando vocês atores conseguem dominar *suas* palavras, *seu* modo de formular, narrar, transmitir e recordar, nossa ilha se torna não só mais variada e preciosa, mas também mais justa.

É bonito ver desabrocharem essas flores de papel, em que uma parte essencial da nossa vida encontra palavras sempre diferentes, segundo as pessoas que tenham tido a capacidade de compô-las, uma correção após a outra. Você trabalhou sobre o papel, como trabalha na sala onde treina, constrói materiais, ensaia espetáculos novos e outros apresentados por anos. Depois de tanto tempo e tantas experiências, encontrar o desenho necessário de um movimento acontece a você não com facilidade, mas com familiaridade. Não deve ter sido fácil, muito pelo contrário, encontrar a palavra certa, que não parecesse inoportuna e traiçoeira, que não banalizasse e esgotasse a paixão e o conhecimento tácito. Tenho certeza de que as palavras apagadas foram muitas mais que as que permaneceram escritas. Muitas vezes você deve ter dito a si mesma: não vale a pena, agora paro. Porém, mesmo então você não se deu por vencida.

Os céus se tornarão escuros. Prevalecerão os falatórios e o esquecimento, entre memórias distorcidas e histórias mutiladas. Ninguém pode prever se suas palavras, hoje frescas da impressão, conseguirão transmitir um pouco de suas verdades. Com isso, no entanto, não se inquiete. Aquilo que tinha que fazer, foi feito. O resto não te pertence.

A quem tenha me amado

Agradecimentos

Obrigada ao Teatro Tascabile di Bergamo por ter nos colocado à disposição o espaço teatral onde foi feita a documentação fotográfica da minha demonstração de trabalho *Pegadas na Neve*.

Obrigada a Eugenio Barba, Teresa Cancellieri, Sosi Enzi, Raúl Iaiza, Tina Nielsen, Mirella Schino, Nando Taviani e Torgeir Wethal por terem lido as minhas páginas e terem me ajudado com suas opiniões e conselhos.

Obrigada a Claudio Coloberti, Ana Sofia Monsalve e Rina Skeel pela colaboração na digitalização do material fotográfico.

Obrigada a Guendalina Ravazzoni pela preciosa documentação fotográfica de *Pegadas na Neve*.

Obrigada a Fiora Bemporad, Tony D'Urso, Torben Huss, Jan Rüsz, Luca Ruzza, Saul Shapiro, Rina Skeel e Torgeir Wethal por terem gentilmente permitido a utilização de suas fotografias.

Obrigada a Edi Longo, Diego Moschkovich, Deise Nunes, Luciana Bazzo, Isabela Paes e Laisa Bragança pelas opiniões com relação à tradução em língua portuguesa.

Obrigada a Francesca Romana Rietti, minha companheira de viagem.

E infinitos agradecimentos a Vanessa Chizzini e Valeria Ravera por terem me incentivado a escrever este livro.

Introdução

"A técnica é como uma escada de ferro: fria, dura, mas necessária. Quando neva, a escada se torna branca, macia e cintilante. Nos espetáculos, o espectador deveria ver a neve, não a escada", disse-me uma vez Ingemar Lindh[1].

Por isso chamei a demonstração de trabalho criada por mim em 1988 de *Pegadas na Neve*.

As *pegadas* são as indicações técnicas (um percurso no treinamento que aqueles que quiserem podem seguir), a *neve* é a minha presença cênica na situação em que as exponho.

Em 2005, Vanessa Chizzini e Valeria Ravera, da casa editorial italiana Il Principe Costante, convidaram-me para traduzir *Pegadas na Neve* (que haviam visto um ano antes no Teatro della Madrugada de Milão) em um texto escrito que gostariam de publicar acompanhado de fotografias.

Em *Pegadas na Neve* narro minha biografia artística, de 1974 a 1987, seguindo a linha cronológica do desenvolvimento do meu treinamento e da criação de algumas personagens. É uma história que conto através de fatos relevantes, ilustrando-a com exemplos práticos. Minha demonstração

[1] Ingemar Lindh, ator, diretor, educador e mímico sueco, fundador, em 1971, do Institutet för Scenkost di Storhögen, Suécia. Aluno de Étienne Decroux, entre 1966 e 1968, em sua escola de Boulogne-Billancourt. Fez parte, de 1968 a 1970, do Atelier Studio 2, fundado por Yves Lebreton em 1968, residente no Odin Teatret até 1973. Lindh foi, além disso, um dos fundadores da Ista (International School of Theatre Anthropology) e participou, como educador, da segunda sessão realizada em Volterra, em 1981. Em 1995, foi co-fundador do programa de pesquisa xhca (questioning Human Creativity as Acting), instituto ligado à Universidade de Malta. Ingemar Lindh faleceu em 1997.

dura apenas duas horas, mas aqui, sobre o papel, posso enriquecê-la com detalhes novos, exemplos, episódios e atualizá-la, assim, até 2007.

Abandonando a neve da situação cênica, minhas pegadas transpostas a estas páginas se transformaram em rastros.

Na minha narrativa, às vezes saltarei da situação do treinamento à do nascimento de uma personagem sem outra justificativa senão a cronologia dos eventos. Outras vezes, voltarei no tempo. Fatos ocorridos ao mesmo tempo, ao longo de percursos paralelos, uma vez transpostos à página, são obrigados a seguir uma progressão linear que se move em ziguezague no tempo.

Quando escolhi abandonar minha vida em Milão para me juntar ao Odin Teatret, o fiz também para fugir da ambiguidade das palavras. Preferi confrontar-me com a ação em silêncio a me apoiar na palavra em si, na palavra não acompanhada de ações que a dessem corpo.

Agora, trinta e três anos depois, confronto-me novamente com as palavras ao tentar traduzir em sinais escritos minha experiência. Encarando assim a dificuldade de ter que descrever de modo eficaz aquilo que, a essa altura, sei fazer muito bem na prática.

O teatro é um ofício e, como tal, não pode ser aprendido nos livros. A técnica deve ser transmitida através do exemplo prático. Mas os livros podem inspirar. Sei de pessoas que, interpretando os escritos à sua maneira, construíram um método de trabalho próprio.

Assim como uma cidade medieval, o Odin Teatret se desenvolveu, por mais de quarenta anos, em diferentes direções, respondendo às necessidades do momento. Há, portanto, muitos aspectos que não serão explorados nas páginas que seguem: a história do Odin Teatret no contexto histórico no qual se desenvolveu, sua estrutura econômica, a descrição dos espetáculos, as *trocas**, as turnês, a *Festuge*[2] em Holstebro

---

* Trocas (*baratti* em italiano, *barters* em inglês): Sua essência é o intercâmbio cultural. Através das trocas, o Odin Teatret estabelece diálogo direto com um grupo ou comunidade ao fazer o escambo de músicas, danças, esquetes, improvisações e outras atividades culturais. Podem acontecer em uma vila, uma escola, uma prisão ou em um campo de refugiados, por exemplo (N. da T.).

2 Em dinamarquês, "Semana de Festa". A partir de 1991, a cada três anos, o Odin Teatret organiza uma Festuge em Holstebro. Por sete dias (noites inclusas) a pequena cidade é "invadida" por grupos e artistas locais e estrangeiros que, em estreita colaboração com as instituições culturais locais, desenvolvem espetáculos de teatro e dança (ao ar livre e em espaços fechados), concertos, *trocas*, conferências, exposições e "visitas" dos artistas a escolas, casas de repouso para idosos, lojas e sedes de administração pública.

e todas as atividades daí derivadas, as oficinas, a Odin Week, a publicação de livros e revistas, a produção de filmes e vídeos, a rede de contatos que cria o microcosmo no qual nos movemos com as nossas atividades.

Não tentarei reconstruir o método de Eugenio Barba para criar espetáculos, se é que existe um método. Neste livro também não se encontrarão os retratos dos meus companheiros.

A razão é simples: *Rastros* fala do treinamento do ator vivido por mim e a sua influência na criação de personagens para os espetáculos.

Aceitei a proposta de escrever este livro para permitir que a minha experiência inspire, no futuro, outras pessoas atraídas por esse modo de viver o teatro e, talvez, para fazer sentir menos sozinho quem assim já o vive.

Este escrito é um outro passo na tradição de transmissão da experiência que caracteriza a história do Odin Teatret desde seu início até hoje e da qual as demonstrações de trabalho são um ponto-chave.

1. Milão e Algumas Datas

Em Milão, no ano de 1944, Fausto Carreri e Ada Papotti encontraram-se no bonde 23 que, ainda hoje, vai do bairro Città Studi até Piazza Fontana. Vindos ambos dos campos mantovanos antes do estouro da guerra, moravam com suas famílias em Città Studi. Casaram-se em 1946 e, em 29 de junho de 1953, após sete anos de matrimônio, nasci, eu, Roberta Barbara Carreri.

Meu pai era um operário especializado da Alfa Romeo e minha mãe, uma dona de casa.

Em casa, falava-se apenas o dialeto mantovano.

Quando comecei a frequentar a escola, minha mãe passou a trabalhar ajudando alguns parentes que tinham uma loja. Eu passava as tardes na rua, brincando com outras crianças.

A escola elementar Leonardo da Vinci, na praça de mesmo nome, tinha uma piscina subterrânea onde fazíamos aulas de natação. A partir do terceiro ano elementar, já era oferecida aos alunos a possibilidade de frequentar aulas de inglês após o horário escolar. Tínhamos uma professora nativa que insistia na pronúncia correta do "th" e do "t" em inglês. O sonho do meu pai era que eu, quando crescesse, me tornasse comissária de bordo, falasse muitas línguas, viajasse e visse o mundo. O meu, ao contrário, era me tornar bailarina.

Uma vez ganhei de presente um par de sapatilhas de balé de seda vermelha, com as quais saracoteava sobre as pontas dos pés por todo o apartamento. Eu fantasiava ser aceita na escola de dança do Teatro alla

Scala. Haviam me contado que mesmo crianças pobres podiam entrar: a famosa bailarina Carla Fracci era filha de um condutor de bondes.

Meu pai, nesse meio tempo, havia se tornado chefe de seção.

Nas fotografias daquele tempo apareço magra como uma vareta, de *shorts* e cabelos curtíssimos. Meu apelido era Biafra.

Eu tinha a saúde delicada, era anêmica e linfática. Todas as primaveras o médico da família prescrevia um tratamento à base de vitamina B.

Todos os anos, em agosto, o mar era obrigatório. As férias na praia, em uma casa alugada, eram conquista da minha mãe, que fazia render o magro salário do meu pai.

Durante os outros dois meses das férias escolares eu era mandada à casa de parentes nos campos mantovanos. O café da manhã consistia em codorna assada e gema de ovo cru com um dedo de licor China Martini*. Aos cinco anos me presentearam com meu primeiro *ronchinin*[1] pessoal com o qual eu poderia participar da vindima.

Tinha onze anos quando meu pai adoeceu de tuberculose e passou um ano no sanatório.

Para suplementar o salário reduzido do meu pai, minha mãe alugou meu quarto a um estudante de engenharia, e eu passei a dormir no quarto dela.

Com a volta de meu pai do sanatório, a Alfa Romeo ofereceu a ele um curso de especialização, e ele passou a trabalhar como funcionário de escritório. Depois da doença, os cinco andares à pé lhe causavam cansaço, por isso nos mudamos para um prédio com elevador, mas com um quarto a menos (o meu), sempre em Città Studi.

Ao fim da escola média**, foi-me sugerido o Liceu Artístico*** ou uma escola de gráfica publicitária. Escolhemos a segunda, pois me daria a possibilidade de começar a trabalhar o mais rápido possível.

---

* Licor digestivo produzido na China, desde o século VIII, a partir da mistura de álcool de arroz e casca de Quina ou Cinchona (Cinchona calisaya), uma árvore originária da Cordilheira dos Andes no Peru e Bolívia (N. da T.).

1 Em dialeto mantovano, termo que indica a pequena foice usada na colheita da uva com a qual se separa o cacho da videira.

** Equivalente, no sistema educacional italiano, ao ginasial do Brasil (N. da T.).

*** Liceu ou formação profissional é o equivalente italiano ao segundo grau brasileiro, com duração de cinco anos. Existem oito tipos diferentes de liceu: clássico, científico, linguístico, artístico, ciências humanas, tecnológico, econômico e musical (N. da T.).

Foi assim que cheguei ao Instituto Profissional Feminino do Estado Caterina da Siena, onde tive a sorte de ter Renzo Vescovi² como professor de italiano, história e mestre de vida. Em classe, ele nos inspirava o amor a Manzoni, fazia com que discutíssemos os artigos do *Espresso**, descobríssemos o teatro de Molière e lêssemos Heidegger, Kant, Sartre, Camus. Ele nos ensinava a assumir a responsabilidade pelas nossas escolhas, dirigindo-se a nós sempre de modo formal.

Em 1968, as lutas estudantis envolveram também o nosso instituto, frequentado por mil e duzentos jovens entre quinze e dezoito anos. Imediatamente me tornei uma das militantes mais ativas do movimento estudantil.

Passeatas, manifestações, bombas de gás lacrimogêneo.

Eu passava as tardes de sábado na discoteca e aos domingos assistia a filmes experimentais no cinema ou ia ao teatro.

No Teatro Lírico, durante o intervalo de *Santa Joana dos Matadouros*, de Bertolt Brecht (com direção de Giorgio Strehler), encontrei Beppe Chierichetti, na época estudante de engenharia química. Ele se tornou meu namorado e mais tarde ator do Teatro Tascabile di Bergamo.

Obtive o diploma de gráfica publicitária e no ano seguinte decidi fazer o *esame di maturità***. Eu seria a primeira pessoa da minha família a entrar na universidade.

De dia atendia telefones em um escritório, à noite estudava.

Em 1972, para grande orgulho dos meus pais, inscrevi-me na Faculdade de Letras e Filosofia da Universidade Estatal. De manhã, eu trabalhava fazendo *layout* gráfico para uma revista financeira, à tarde frequentava cursos e grupos de estudo. À noite eu participava das reuniões dos Comitati Unitari di Base da Avanguardia Operaia*** ou ia às aulas de híndi.

---

2   Renzo Vescovi, diretor e fundador, em 1973, do Teatro Tascabile di Bergamo – Accademia delle forme sceniche. Em 1977, o Teatro Tascabile di Bergamo inicia um trabalho de pesquisa sobre as técnicas de teatro de rua, tornando-se, com o tempo, um dos maiores especialistas da Europa. No mesmo ano, o grupo retoma o encontro com a mestre indiana de dança, Odissi Aloka Panikar, que será de importância capital na história do grupo. Depois de terem fundado o Istituto di Cultura Scenica Orientale (IXO), os atores do Tascabile iniciaram um longo processo de aprendizado de danças indianas (em particular Odissi e Kathakali), com frequentes temporadas de estudo na Índia, sob a direção de diversos mestres. Renzo Vescovi faleceu em 2005.

* Revista semanal italiana que trata de política, cultura e economia (N. da T.).

** Equivalente italiano ao exame vestibular para ingresso em curso superior (N. da T.).

*** Avanguardia Operaia (AO) foi uma organização política extraparlamentar italiana de extrema esquerda, criada em Milão, em 1968. Os Comitati Unitari di Base (CUB) são organizações operárias criadas nas fábricas, em oposição ao sindicalismo institucional a partir de 1969 (N. da T.).

Pensava em me formar como crítica de arte, mas o destino havia me reservado uma surpresa.

<small>*A Casa do Pai do Odin Teatret*</small> Na primavera de 1973, Renzo Vescovi recebeu, na sede do Teatro Tascabile di Bergamo, que ele dirigia, o Odin Teatret, de Eugenio Barba, com o espetáculo *A Casa do Pai*[3]. "Uma ocasião que não se pode perder", disse quando cruzou comigo nos corredores da faculdade onde eu estava matriculada e onde ele era assistente de História da Literatura Italiana. Era uma coincidência de sorte, eu estava exatamente estudando para uma prova de História do Teatro que pedia a leitura de textos de Artaud, Grotowski e Barba.

Há quatro anos, frequentava regularmente os teatros milaneses e, naquela noite de maio, enquanto o carro subia em sentido a Bergamo Alta, eu tinha certeza de que veria um bom espetáculo.

Estacionamos o carro na entrada da belíssima praça medieval onde ficava a sede do Teatro Tascabile. O ar estava quente e suave. A pequena sala estava cheia de gente e as lâmpadas faziam ressaltar as cores das roupas primaveris.

Eram admitidos apenas sessenta espectadores. Eu fui uma das primeiras a entrar na sala. O chão havia sido coberto com tábuas de madeira que davam ao ar um odor insólito. A um metro da parede, uma guirlanda de lampadinhas nuas pendia sobre um retângulo de bancos. Minha pele reagiu com um arrepio à temperatura sensivelmente inferior à externa. Nós, os espectadores, estávamos todos sentados nos bancos quando entraram os atores.

Lembro de ter escrito, alguns dias depois, estas palavras:

> Uma margarida entre os dedos dos pés. Uma voz e um nome: Fiódor Dostoiévski. Depois, a música de um acordeom. Danças. Cerveja que escorre sobre o colo, cai e impregna a madeira. Odor pungente. Escuro. Silêncio. Vozes. Uma pequena chama ilumina uma flor, um copo d'água e o rosto de uma jovem deitada ao chão apoiada em um companheiro.

---

[3] *Min Fars Hus* (*A Casa do Pai*), 1972-1974. Dedicado a Fiódor Dostoiévski. Atores: Jens Christensen, Ragnar Christiansen, Malou Illmoni (que abandonará o espetáculo depois da primeira semana de apresentações), Tage Larsen, Else Marie Laukvik, Iben Nagel Rasmussen, Ulrik Skeel, Torgeir Wethal. Dramaturgia e direção: Eugenio Barba.

E depois ainda mais música e luz e danças sem fim. Encontros. Desencontros. Abraços. Escuro. Pequenas chamas iluminam longos cabelos pegajosos de suor em rostos inflamados.

O ar tornou-se tórrido. Perco todas as sensações do meu corpo. Sinto apenas minha face arder.

Um grande pano negro cobre o espaço e desce até o chão.

Um homem em pé, vendado, de camisa, sorri histericamente, enquanto um jovem de longos cabelos louros, com um sobretudo sobre os ombros, cai repentinamente sob uma chuva de moedas que vêm de todos os lados. O homem abaixa as vendas dos olhos, os olhares se encontram, se fundem. Instante de beleza que fere. Um abraço: o sobretudo cobre os ombros de ambos.

Meus olhos se enchem de lágrimas, enquanto a música arrasta para fora consigo os atores e nos deixa sozinhos no ar pesado de paixões consumadas.

Fiquei parada enquanto os outros espectadores deixavam a sala. Depois descruzei as pernas, imóveis durante todo o espetáculo, e corri para me refugiar na pequena passagem escura que ligava a sala aos camarins. Ali chorei longamente.

Chorava por causa da emoção provocada pela visão de tanta força, de tanta beleza, de tanta vida naqueles sete corpos brilhantes.

Uma força e uma vida que pertenciam também aos dias da minha infância, quando corria pelas calçadas com um bando de crianças da minha idade e as regras de honra e de lealdade eram físicas. Você era aquilo que fazia. As guerrinhas de pedras, as corridas de perder o fôlego, as mijadas em pé contra o muro, todos juntos (eu também, que era a única menina, mas que com meus *shorts* e cabelos curtos não me sentia de forma alguma diferente dos outros). E então as delações, as brigas, os gestos de generosidade, a alegria ao conversar de novo depois de dias de um orgulhoso silêncio. Foi ali que aprendi o que são a lealdade e a amizade.

Com o início da escola média, os meus dias de liberdade "na rua" acabaram. Minha mãe disse que era hora de pôr fim às tardes na Via Bazzini, que eu era uma menina e que era hora de começar a comportar-me como tal: devia brincar dentro de casa como as outras meninas.

Quando assisti *A Casa do Pai*, dez anos tinham se passado desde então, e a energia desencadeada por aqueles corpos me invadiu como o sabor da famosa *madeleine* de Proust: um fascínio que tal qual onda jorrava e vinha sacudir a substância mesma da existência.

Na manhã seguinte, retornei a Bergamo. Na mesma sala onde na noite anterior haviam realizado o espetáculo, Iben Nagel Rasmussen[4] e Jens Christensen[5], dirigidos por Eugenio Barba, mostravam seu treinamento a um grupo de espectadores interessados. No decorrer do debate que aconteceu em seguida, não me surpreendeu ouvir um de meus companheiros de curso, ali presente, acusá-los de elitismo. Naquele tempo, um espetáculo para apenas sessenta espectadores era impensável. Além disso, o treinamento deles requeria uma disciplina que, apesar dos figurinos coloridos dos atores, parecia extremamente dura, quase militar. Fora também para nos libertar de qualquer forma de disciplina que havíamos lutado no Movimento de 68.

A primeira oficina com o Odin Teatret

Em dezembro de 1973, em ocasião da Trienal de Milão, o Odin Teatret voltou à Itália com *A Casa do Pai* e eu tive a oportunidade de participar de uma de suas oficinas organizada pela Universidade Católica.

Cheguei aterrorizada com a ideia de ter que fazer a parada de cabeça e executar os exercícios de acrobacia que havia visto Iben e Jens realizarem. Mas, ao contrário, me vi dançando por horas ao som da música de Janis Joplin e dos Rolling Stones (coisa que adorava fazer). O tema da oficina, conduzida por Eugenio Barba e cinco de seus atores, era a energia e revelou-se uma verdadeira maratona de dança. Eugenio permitia que as pessoas, uma por vez, fizessem uma pausa para observar

4   Iben Nagel Rasmussen, atriz dinamarquesa ingressa no Odin Teatret em 1966. Desde então, com exceção de *O Evangelho de Oxyrhyncus* (1985-1987), fez parte de todos os espetáculos de grupo e de *Itsi Bitsi* (1991-presente, dramaturgia e direção: Eugenio Barba) no qual divide a cena com Jan Ferslev (músico e ator dinamarquês ingresso no Odin Teatret em 1987, participou de todos os espetáculos de grupo, além de *Sal* e *Itsi Bitsi*) e Kai Bredholt (ator e músico dinamarquês integrante do Odin Teatret desde 1988, fez parte de todos os espetáculos de grupo). Desde 1976, tem desenvolvido uma autônoma e duradoura atividade de pedagogia teatral junto a um grupo estável de artistas que, embora trabalhando normalmente em diferentes contextos e países, reúnem-se periodicamente para com ela aprofundar um terreno comum de pesquisa. O primeiro grupo fundado por ela, em 1980, foi o Farfa; depois, em 1989, deu vida ao Vindenes Bro (A Ponte dos Ventos) e, mais recentemente, ao De Nye Vinde (Os Novos Ventos). Os últimos dois são ainda hoje ativos. Em 2006, Iben Nagel Rasmussen estreou *O Livro de Ester* (Esters Bog), composto com base em texto de sua autoria e com conselhos de direção de Eugenio Barba. Na versão dinamarquesa, é acompanhada da violinista Uta Motz. Na italiana, da violinista Elena Floris.

5   Ator dinamarquês do Odin Teatret de 1970 a 1974. Fez parte do espetáculo de grupo *A Casa do Pai*.

como um grupo exausto reagiria à intervenção de uma pessoa que havia descansado.

Ao fim do primeiro dia, surgiram duas grandes bolhas na sola dos meus pés que depois, durante a dança, romperam-se em pedaços de pele. A dor não conseguiu, porém, diminuir meu entusiasmo. Lembro de ter dançado sem descanso com Tage Larsen[6] ao som dos discos *Pearl* de Janis Joplin e *Gimme Shelter* dos Rolling Stones. No final, trocamos sinceros beijos nas mãos.

No último dia, ao fim da oficina, fui almoçar com eles. Depois passei a tarde passeando com Ragnar Christiansen[7] pela cidade.

Depois das apresentações em Milão, o Odin Teatret voltou a Bergamo para mostrar, mais uma vez, *A Casa do Pai* no Teatro Tascabile.

Comprei para os atores uma cesta natalina cheia de frutas e vinho, e fui assistir mais uma vez ao espetáculo. Buscava a mesma emoção da primeira vez, mas me vi, ao contrário, reconhecendo, sob os figurinos de suas personagens, os atores com os quais havia feito a oficina. Após o espetáculo, aceitei o convite para ir com eles a um restaurante que ficava perto do teatro, o La Marianna. Sentei-me à mesa com Ragnar, Jens, Torgeir[8] e Iben.

Else Marie[9] (que, na saída do teatro, com seus óculos sobre o nariz e envolta numa pele, eu havia confundido com a secretária do grupo) estava sentada à outra mesa com Ulrik[10] e Tage, que usava um chapéu

---

6 Tage Larsen, ator dinamarquês do Odin Teatret desde 1971. Depois de uma breve interrupção em 1974, permaneceu no grupo até 1987, ano em que fundou o Yorick Teatret. Desde 1997, voltou a fazer parte do Odin Teatret como ator. De 1971 até hoje, fez parte de todos os espetáculos de grupo, com exceção de *Talabot* e *Kaosmos*.
7 Ragnar Christiansen, ator norueguês do Odin Teatret de 1970 a 1974. Fez parte do espetáculo de grupo *A Casa do Pai*.
8 Torgeir Wethal, ator norueguês do Odin Teatret desde sua fundação, em 1964. É o único ator que fez parte de todos os espetáculos de grupo. É ainda responsável pelas produções do Odin Teatret Film e realizou, como diretor, diversos filmes e documentários dedicados tanto ao trabalho e pedagogia do Odin Teatret quanto a outras tradições teatrais do século XX.
9 Else Marie Laukvik, atriz norueguesa do Odin Teatret desde sua fundação, em 1964, faz ainda hoje parte do grupo. Seu último espetáculo como atriz dirigida por Eugenio Barba foi *Memória* (1990-1992), em que contracena com o músico e compositor do Odin Teatret, Frans Winther. De 1964 a 1990, fez parte de todos os espetáculos de grupo, com exceção de *Cinzas de Brecht* e *Talabot*. No decorrer dos anos, desenvolveu também uma atividade autônoma de pesquisa como diretora do Teatro Marquez, por ela fundado e dirigido por mais de dez anos em Århus. Como pedagoga, com outros grupos e alunos, está envolvida ainda hoje em diversos projetos.
10 Ulrik Skeel, ator dinamarquês do Odin Teatret de 1969 a 1974 e de 1978 a 1987. Desde 1988, trabalha na equipe administrativa do teatro.

preto de abas largas. Em pouco tempo, Ragnar desaparecia atrás de uma pirâmide de copinhos de sambuca* e ficava melancólico, enquanto eu, ousada graças a um conhaque oferecido por Torgeir, envolvi-me na arrojada empresa de traduzir algumas poesias de Eugenio Montale para o inglês. Ulrik se aproximou da nossa mesa e me ensinou as primeiras palavras em dinamarquês: "Og hvad nu?" (E agora?).

Poucos meses depois, no início de abril de 1974, Eugenio e Torgeir voltaram à Itália. Estavam buscando um espaço para onde pudessem transferir o grupo por cinco meses para concentrarem-se na criação de um novo espetáculo. No caminho para Puglia, onde lhes havia sido oferecida uma possibilidade de estadia, Eugenio e Torgeir fizeram uma parada no Piccolo Teatro di Pontedera para apresentar os filmes sobre o treinamento do Odin Teatret que Torgeir havia realizado para os programas experimentais da Rai Tre**.

Os membros do Teatro Tascabile di Bergamo foram a Pontedera para assistir aos filmes e eu os acompanhei na condição de namorada de Beppe.

No jardim da *Villa* italiana do século xix, sede do Piccolo Teatro di Pontedera, esbarrei com um jovem que havia conhecido em Milão alguns anos antes em um espetáculo do Teatro del Trebbo. Tinha então a cabeça raspada e vestia um uniforme militar, mas nem isso conseguia apagar o esplendor dos seus olhos. Era Roberto Bacci, diretor do Piccolo Teatro di Pontedera e da peça que veríamos naquela mesma noite, *Macbeth*.

Após o espetáculo, me aproximei de Eugenio para perguntar se poderíamos marcar um encontro para o dia seguinte. Surpreendeu-me ao chamar-me pelo nome. Como lembrava? Queria saber o que ele pensava sobre minha intenção de fazer minha monografia de crítica de arte sobre eles. Já tinha pensado no título: *Do Corpo como Estátua ao Corpo como Música*. No dia seguinte, Eugenio me disse que para conhecer realmente o trabalho do Odin Teatret eu deveria participar da criação de um espetáculo. Seriam necessários dois anos inteiros: um para os ensaios e um para a turnê. Eu deveria combinar com Iben um período no qual poderia ir à Dinamarca para visitá-los.

---

* Sambuca é um licor italiano de alto teor alcoólico produzido a partir do aniz-estrelado (N. da T.).
** Rede pública de televisão italiana (N. da T.).

Parti para Holstebro[11] dizendo a meus pais que havia sido convidada pelo Odin Teatret para participar de uma oficina de uma semana sobre teatro balinês (sabendo muito bem que, quando eu chegasse, a oficina já teria terminado) e que a viagem e a hospedagem seriam pagas.

Mas, no entanto, usei um dinheiro que tinha separado para um eventual aborto que, naquele tempo, podia ser realizado na Inglaterra.

---

11 A pequena cidade da Jutlândia dinamarquesa para a qual o Odin Teatret se transferiu de Oslo, em 1966, e onde ainda hoje reside.

2. Holstebro e Carpignano Salentino

Cheguei a Holstebro no dia 24 de abril *Uma semana*
de 1974, à meia-noite, depois de vinte e cinco horas de viagem de *em Holstebro*
trem. Estava cansada e entusiasmada. Iben e Torgeir me levaram a um hotelzinho em frente à estação. Às seis da manhã passaram para me levar ao teatro onde o trabalho começava às sete. Fiquei surpresa ao ver que o elenco de *A Casa do Pai* estava disperso; dos atores que havia visto em Bergamo, permaneciam apenas Iben, Jens, Ragnar e Torgeir.

A partir do segundo dia, minha formação foi confiada a Jens. Começávamos às cinco da manhã com a corrida, para depois passar à acrobacia e, enfim, aos exercícios com bastões. Às sete, quando chegavam Eugenio e os outros companheiros, continuávamos juntos o treinamento e o trabalho de improvisações para o novo espetáculo. Jens havia me apresentado também as regras não escritas do grupo. Hoje me lembro daquela que proibia os membros do Odin Teatret de formar casais entre eles (na época eu não sabia, mas essa regra já havia sido infringida) e de comentar, de qualquer modo, seja dentro ou fora da sala, o trabalho dos companheiros.

Minha intenção era que aquela fosse uma visita de apenas uma semana para me dar conta do método de trabalho do Odin Teatret e respirar um pouco do mesmo ar que eles. Fiquei, portanto, surpresa com a atenção que dedicavam à minha formação, fazendo com que eu trabalhasse duro das cinco da manhã às seis da tarde.

Quando mencionei a Eugenio que dali a três dias estaria de volta a Milão, ele mostrou-se muito surpreso e disse: "mas agora você faz parte do Odin!" Foi, então, minha vez de ficar surpresa. Em Milão estavam os meus pais, Beppe, a universidade, os amigos, a atividade política. Não. Não imaginava poder mudar minha vida assim, de uma hora para a outra.

Daquele momento em diante, foi permitido que eu continuasse o trabalho com Jens das cinco às sete da manhã, mas me foi vetado o acesso à sala durante as horas em que os companheiros trabalhavam com Eugenio. Na solidão da grande biblioteca do teatro, tive todo o tempo para repensar minha decisão. Dois dias depois, bati à porta do escritório de Eugenio: "se conseguir organizar minhas coisas em Milão, posso alcançá-los em Salento?"[1]

"Se Deus quiser, nos veremos de novo", respondeu sem se voltar.

De volta a Milão, conversei com meus pais, fiz acordos com meus professores universitários, pedi a opinião de Renzo Vescovi, que me desaconselhou a partir, discuti com Beppe Chierichetti, que apoiou minha decisão. No fundo, seria apenas por um ou dois anos: o tempo de fazer os últimos doze exames (estudando à distância) e as pesquisas para a minha monografia.

Carpignano Salentino "Odin Teatret, Carpignano Salentino": esse era o endereço que tinha em mãos quando parti de Milão, em 18 de maio de 1974.

Não havia localizado no mapa Carpignano Salentino, mas sabia que ficava próxima a Lecce. De qualquer modo, o trem não podia levar-me mais adiante. Eu havia perguntado a uma jovem mulher, que estava no mesmo vagão que eu, onde poderia dormir, por uma noite, em Lecce. Não conhecia a cidade, possuía pouco dinheiro e tinha pânico de cair em alguma pensãozinha de má fama. Ela foi muito gentil e disse que provavelmente uma conhecida sua poderia me hospedar, deu-me o nome e o endereço e me sugeriu dizer que trabalhávamos juntas em Milão.

A casa ficava na parte antiga da cidade.

A velhinha que veio abrir a porta para mim vivia com a irmã, alguns anos mais idosa que ela. Pareciam personagens de uma fábula. Uma não escutava e a outra não enxergava. Acolheram-me com suspeita.

---

[1] Em abril de 1974, o Odin Teatret estava às vésperas de partir para Carpignano Salentino, na Puglia, onde passaria um período de trabalho e pesquisa de cinco meses.

Contei a elas a história que a mulher do trem havia sugerido, mas continuavam muito reticentes. Tocou o telefone e pelo tom de voz da velhinha entendi que estava falando com alguém importante para ela. Desligou o telefone e virou-se para mim com um sorriso. Naquela noite ela me cedeu sua cama. Tentei insistir que deveria ser eu a dormir no sofá, mas ela foi inflexível. Na manhã seguinte, comprei um maço de flores às duas irmãs e comecei a me informar sobre como continuar a viagem.

Estranhamente, ninguém sabia me dizer como chegar a Carpignano. Certamente com uma condução. Mas de onde partia? "Tente mais para lá". "Tente do outro lado da avenida". Parecia que eu tinha chegado a um país estrangeiro. A busca me levou às proximidades da estação de trem. Dava voltas sob o sol a pino com a mochila nas costas quando, no ar denso por causa do calor, vi delinearem-se as figuras coloridas de Iben e Torgeir e gritei de alegria.

"Deus quis", disse-me Eugenio, sorrindo também com os olhos atrás dos óculos de aros negros. No saguão do Grande Hotel de Lecce, Nando Taviani estava sentado a seu lado. Estranho, quando Nando apertou minha mão tive a sensação de que ele já me conhecia. Soube mais tarde que era docente de História do Teatro e responsável pelo projeto de colaboração entre a Universidade de Lecce e o Odin Teatret. Ajudara Eugenio a encontrar o espaço onde o grupo trabalharia pelos próximos cinco meses.

Tive vontade de vomitar, de manhã às cinco, diante de um novo dia de sofrimento. Eu me levantava antes do amanhecer, montava na bicicleta e percorria os dois quilômetros que separavam o castelo de Serrano, onde dormia, do castelo de Carpignano, onde se alojava a maioria dos companheiros e onde acontecia grande parte das nossas atividades. De lá, íamos para os campos de tabaco ou andávamos à beira do mar para o treinamento vocal. Então, enquanto despontava a alvorada, nos dedicávamos à corrida. De volta ao castelo, depois de um café da manhã frugal, continuávamos até às onze com o treinamento físico e com objetos (bastões e varetas de diversas dimensões, decoradas com fitas). Nesse ponto, na velha manufatura de tabaco, em desuso, onde trabalhávamos, o calor começava a tornar-se insuportável e fazíamos uma pausa para o almoço.

As primeiras experiências de treinamento

No pátio do castelo de Carpignano Salentino (1974). A partir da esquerda, Jens Christensen, Odd Ström, Roberta Carreri, Iben Nagel Rasmussen, Torgeir Wethal, Elsa Kvamme.

Lutava cotidianamente com a corrida, com os exercícios físicos, para mim duríssimos, e com os saltos acrobáticos que meu corpo não conseguia executar. Tudo me doía. No início da tarde, enquanto os companheiros descansavam, Eugenio observava meu trabalho com as "tochas" (dois pequenos bastões com um tufo de franja de tecido colorido nas extremidades) e me ajudava, com paciência, a construir com elas uma dança dramática. Da dramatização do treinamento com esse tipo de objeto, apenas dois meses após minha entrada no grupo, nasceu *O Livro das Danças*[2], o primeiro espetáculo do qual participei. Depois das quatro da tarde, quando o sol já havia perdido um pouco de sua força, chegavam os companheiros e passávamos ao trabalho sobre o novo espetáculo: *Vem! E o Dia Será Nosso*[3].

2 *Dansenes Bog* (O Livro das Danças), 1974-1980. Espetáculo representado em espaços fechados mas, sobretudo, ao ar livre, com o qual o Odin Teatret realizou as suas primeiras *trocas* teatrais. Atores (apenas da versão apresentada em 1974, em Salento): Roberta Carreri, Elsa Kvamme, Iben Nagel Rasmussen, Odd Ström e Torgeir Wethal. A partir de 1975, nos lugares de Elsa Kvamme e Odd Ström participaram Tom Fjordefalk, Tage Larsen e Else Marie Laukvik. Direção: Eugenio Barba.

3 *Come! And the Day Will Be Ours* (Vem! E o Dia Será Nosso), 1976-1980. Atores: Roberta Carreri, Tom Fjordefalk, Tage Larsen, Else Marie Laukvik, Iben Nagel Rasmussen, Torgeir Wethal. Dramaturgia e direção: Eugenio Barba.

Roberta Carreri, treinando no pátio do castelo de Carpignano Salentino (1974).

Dos oito atores que estavam na sala branca[4] em abril de 1974, menos de um ano depois sobraram apenas Torgeir, Iben e eu. Else Marie e Tage voltariam a fazer parte do grupo em 1975.

Certamente não foi encorajador ver tantos companheiros partirem durante o meu primeiro ano no Odin Teatret. O momento mais difícil foi sem dúvida em agosto, ao retornar das férias, quando, no pátio do castelo de Carpignano, Jens, com os cabelos e barba raspados, nos comunicou sua decisão de deixar o grupo para tornar-se camponês na Noruega. Foi a primeira vez que vi Eugenio chorar.

4   Àquela época, no Odin Teatret existiam duas salas que, por causa das cores de suas paredes, eram chamadas "a preta" (a primeira a ser construída no trabalho de restauração que transformou os cômodos de uma fazenda vazia, oferecida em 1966 pela cidade de Holstebro ao Odin Teatret, em sua atual sede) e "a branca", construída em 1968. No decorrer dos anos, foram construídas outras duas salas: "a vermelha", em 1980, e "a azul", em 1986.

Johan Sebastian Bach Durante a estadia em Carpignano, Eugenio pôs em cena também o primeiro espetáculo de clown na história do Odin Teatret: *Johan Sebastian Bach*, com Jan Torp[5], Odd Ström[6] e Iben Nagel Rasmussen, em cuja cena final eu fazia uma aparição no papel de uma "vítima". Vestida com uma minissaia escocesa, sapatos de salto, blusa limpíssima (minhas roupas de Milão), era "pescada" por Jan entre os espectadores, levada à cena, amarrada a uma cadeira e envolta em um lençol branco. Neste ponto, era iniciado um tratamento de "barba e cabelo" com uma tina cheia de espuma que Odd atirava em meu rosto a vassouradas, enquanto Jan fazia minha barba com uma enorme navalha de madeira. Tudo terminava com um "xampu ao ovo", quando Jan quebrava dois ovos frescos na minha cabeça enquanto o público ia ao êxtase.

Uma nova vida Chegara ao Odin Teatret diretamente da casa dos meus pais, onde nunca havia cozinhado na minha vida. Em Carpignano, nós nos alternávamos para preparar o jantar. Quando era minha vez, telefonava à minha mãe (usando todo meu dinheiro em interurbanos) para pedir as receitas.

À mesa, como em sala de ensaio, falavam-se línguas que eu não entendia: o dinamarquês e o norueguês. Quando os companheiros riam de uma piada, eu olhava ao redor sem saber o que fazer.

Eu me levantava a cada manhã pensando que naquele dia deixaria o teatro. Enquanto me lavava e me vestia, pensava nas palavras que diria a Eugenio. Enquanto tomava o café da manhã e montava na bicicleta, pensava no que faria quando voltasse a Milão. Mas era só encontrar Eugenio e os companheiros e esse diálogo interior se calava. Fazia aquilo que me diziam, e logo era noite.

Havia deixado a cidade onde nasci, onde estava minha família, meus amigos, meus companheiros de luta e meu namorado: minhas

---

5   Jan Torp, dinamarquês, foi o primeiro objetor de consciência no Odin Teatret (objetor de consciência é alguém que, por seguir princípios religiosos, morais ou éticos de sua consciência, obtém autorização para realizar um serviço alternativo ao serviço militar). Passou a fazer parte do grupo como diretor de turnê e técnico. A partir de 1974, após ter participado de uma oficina com os irmãos Colombaioni, organizado pelo Odin Teatret na sua sede em Holstebro e ter feito "escada" para Romano Colombaioni em turnê pela Dinamarca em um de seus espetáculos, criou com o Odin Teatret dois espetáculos de clown: *Johan Sebastian Bach* e *Saltimbanchi e spaghetti*. Deixou o Odin Teatret em 1978.
6   Odd Ström, ator norueguês do Odin Teatret de 1973 a 1974. Fez parte dos espetáculos de grupo *O Livro das Danças* e *Johan Sebastian Bach*.

referências de quem eu era. Agora, deveria aprender de novo a falar, mover-me, cantar e, do nada, a cozinhar. Devia construir para mim mesma uma nova identidade entre pessoas que não me conheciam e com quem eu não tinha nada em comum, exceto o desejo de viver dos próprios sonhos, trabalhando com Eugenio Barba.

Foram necessários anos para desmantelar minha "identidade milanesa". Depois, como uma fênix, renasci das minhas cinzas.

3. A Tradição da Transmissão da Experiência

Contaram-me que tudo começou em Oslo, em 1964, com cinco jovens entre dezessete e vinte anos (remanescentes da tentativa frustrada de ingressar na Statens Teaterskole de Oslo) e um jovem diretor, Eugenio Barba, que desejava criar seu próprio grupo teatral e deu início transmitindo a eles o treinamento físico e vocal que havia visto ser praticado no teatro de Jerzy Grotowski[1].

O nascimento do Odin Teatret

Cada um dos cinco jovens sabia fazer alguma coisa que os outros não sabiam: balé, ginástica ou pantomima. Todos os dias, após as sessões de treinamento conduzidas por Eugenio, alternavam-se no papel de mestre e trocavam entre si suas habilidades. Aprendiam assim a transmitir a própria experiência.

Terminada a primeira parte do trabalho, preparavam cenas ou pequenos *études*, e depois de um breve período começaram também os

---

[1] Trata-se do Teatro das 13 Fileiras (Teatr 13 Rzedów) de Opole do qual a direção, a partir de 1959, foi confiada a Jerzy Grotowski e a Ludwik Flaszen e onde, entre 1961 e 1964, Eugenio Barba fez seu aprendizado. O teatro de Grotowski assumiu o nome de Teatr--Laboratorium das 13 Fileiras no outono de 1962. Em 1967, após ocupar mais de um ano sua sede em Wrocław, "das 13 Fileiras" desaparece do nome e o teatro se torna Teatr-Laboratorium (Instituto de pesquisa sobre o método do ator). Informações sobre o período passado por Barba na Polônia estão contidas em dois livros escritos por ele. O primeiro é *Em Busca do Teatro Perdido* (em italiano *Alla ricerca del teatro perduto*, Marsilio, Padova 1965) e o segundo, *A Terra de Cinzas e Diamantes: O Meu Aprendizado na Polônia, Seguido de 26 Cartas de Jerzy Grotowski a Eugenio Barba*, publicado pela Perspectiva em 2006.

ensaios do seu primeiro espetáculo, *Ornitofilene*[2], baseado em um texto de um escritor norueguês contemporâneo, Jens Bjørneboe.

Poucos dias depois da estreia, um dos cinco atores deixou o grupo. O espetáculo teve de ser re-elaborado e foi levado em turnê pela Escandinávia. Em 1966, após uma apresentação em Viborg, na Dinamarca, o Odin Teatret recebeu, por parte da pequena cidade dinamarquesa de Holstebro, a oferta de um espaço de trabalho e uma ajuda de custo anual equivalente a um salário e meio de um operário especializado. Holstebro desejava mudar a própria imagem e, de cidade comercial, pretendia tornar-se um centro cultural[3]. Eugenio Barba e seus atores, que não tinham perspectiva de subvenção na Noruega, aceitaram a proposta. Quando chegou o momento de se transferirem, três atores emigraram com Barba à Dinamarca e dois deles são ainda ativos no grupo: Else Marie Laukvik e Torgeir Wethal.

Com o elenco reduzido, *Ornitofilene* não podia mais ser apresentado. O Odin Teatret se deparou subitamente com a necessidade de recrutar novos atores. Isso aconteceu através de oficinas nas quais os alunos poderiam experimentar o trabalho sob a direção de Eugenio Barba. Torgeir ensinava acrobacia e Else Marie composição, de que falarei mais à frente.

Iben Nagel Rasmussen passou a fazer parte do grupo exatamente nesse período.

Eugenio Barba começou a organizar também oficinas voltadas a teatrólogos escandinavos, convidando grandes personalidades do teatro contemporâneo. Com o tempo, essas situações pedagógicas mudaram de nome e estrutura (International Seminar, Ista – International School of Theatre Anthropology, Università del Teatro Eurasiano, Odin Week), mas continuam, ainda hoje, a fazer parte da estratégia artística e econômica do Odin Teatret.

Durante os primeiros doze anos de vida do grupo, a base do treinamento era ensinada por Eugenio Barba ou pelos atores com mais experiência, os mais antigos, ou seja: Torgeir, Else Marie e Iben. Ainda

---

2 *Ornitofilene: Os Amigos dos Pássaros*, 1965-1966. Atores: Anne Trine Grimnes, Else Marie Laukvik, Tor Sannum, Torgeir Wethal. Texto de Jens Bjørneboe. Adaptação e direção: Eugenio Barba.
3 A singular política cultural da cidade de Holstebro é o foco do livro de Ingvar Holm, Viveka Hagnell e Jane Rasch, *Kulturmodel Holstebro*, København: Rhodos Radium, 1977. Tradução em inglês: *A Model for Culture Holstebro*, Stokholm: Almqvist & Wiksell International, 1985.

que estes tenham me transmitido sua experiência prática, Eugenio foi meu mestre. Fui a última atriz do Odin Teatret a ser educada sob sua condução direta.

A partir de 1976, Eugenio passou a afirmar que contava com todos os atores de que precisava e decidiu, daquele momento em diante, que a única possibilidade de passar a fazer parte do grupo seria ser "adotado" por um dos atores, que devia ser responsável tanto pela educação quanto pela manutenção do aluno.

Foi assim que Tage adotou Francis Pardeilhan[4] e Julia Varley[5] e Iben adotou Toni Cots[6] e Silvia Ricciardelli[7].

Com exceção de Richard Fowler[8], Toni Cots e Tina Nielsen[9], que já eram diplomados em escolas de teatro, todos os atores do Odin Teatret, do seu início até hoje, foram formados no grupo.

No outono de 1974, apenas seis meses após minha entrada no grupo, Eugenio me pediu que conduzisse os dez alunos da Brigada Internacional[10] no treinamento com os objetos.

A Brigada Internacional

Essa incumbência foi de importância capital na minha formação. Para poder ser capaz de transmitir minha experiência de forma clara e eficiente, era obrigada a formulá-la primeiro para mim mesma. Ensinando, eu me apropriava do meu conhecimento. Essa sensação viria a me acompanhar no curso de toda minha vida profissional.

4   Francis Pardeilhan, ator americano do Odin Teatret de 1976 a 1987. Fez parte dos espetáculos de grupo *Johan Sebastian Bach*, *Anabasis*, *O Milhão*, *Cinzas de Brecht* e *O Evangelho de Oxyrhyncus*.
5   Julia Varley, atriz inglesa, ingressa no Odin Teatret em 1976. Desde então, fez parte de todos os espetáculos de grupo e dos espetáculos solo *O Castelo de Holstebro* (1990-presente, dramaturgia e direção: Eugenio Barba) e *As Borboletas de Doña Musica* (1997-presente, dramaturgia e direção: Eugenio Barba). Faz ainda parte do The Magdalena Project: International Network of Women in Contemporary Theatre desde sua fundação em 1986. Desde 1992 é fundadora e diretora artística do festival internacional de teatro Transit, hospedado pelo Odin Teatret. Dirige também a revista teatral *The Open Page*.
6   Toni Cots, ator espanhol do Odin Teatret de 1977 a 1984. Fez parte dos espetáculos de grupo *Johan Sebastian Bach*, *O Milhão*, *Anabasis*, *Cinzas de Brecht* e do espetáculo solo *O Romanceiro de Édipo*.
7   Silvia Ricciardelli, atriz italiana do Odin Teatret de 1976 a 1984. Fez parte dos espetáculos de grupo *Johan Sebastian Bach*, *O Milhão*, *Anabasis* e *Cinzas de Brecht*.
8   Richard Fowler, ator canadense do Odin Teatret de 1987 a 1989. Fez parte dos espetáculos de grupo *Talabot* e *Salas no Palácio do Imperador*.
9   Tina Nielsen, atriz dinamarquesa do Odin Teatret de 1992 a 1997. Fez parte dos espetáculos de grupo *Salas no Palácio do Imperador* e *Kaosmos*.
10 Primeira e segunda Brigadas Internacionais, 1974 e 1975: oficinas de seis meses no Odin Teatret. Os participantes da primeira Brigada Internacional pagaram sua quota de inscrição construindo um pavilhão pré-fabricado no jardim atrás do Odin Teatret.

O elenco de *Cinzas de Brecht* e de *O Milhão* (1978): no alto, da esquerda para a direita, Torgeir Wethal, Tage Larsen, Leif Beck, Eugenio Barba, Torben Bjelke, Tom Fjordefalk, Francis Pardeilhan, Toni Cots e Else Marie Laukvik; em baixo, Silvia Ricciardelli, Julia Varley, Iben Nagel Rasmussen e Roberta Carreri.

Durante nossas turnês com *O Livro das Danças* e *Vem! E o Dia Será Nosso*, Eugenio me convidou para fazer assistência nas oficinas de clown que Jan Torp conduzia junto a outros grupos ou escolas de teatro.

A condução das oficinas

Quando comecei a conduzir oficinas sozinha, me esforçava em transmitir o treinamento que havia aprendido com meus companheiros. Podia levar muito tempo para ensinar aos alunos paradas de cabeça ou de ombros, sem saber depois colocar esses exercícios em um contexto que justificasse sua existência no treinamento de um ator. Acreditava que os participantes, tendo escolhido fazer uma oficina com uma atriz do Odin Teatret, saberiam para que servia o treinamento. Por outro lado, eu mesma não sabia bem como explicar. Naquele tempo, o treinamento era para mim um teste cotidiano através do qual eu media minha força de vontade e minha determinação em fazer parte do grupo. Um tipo de Sun Dance[11] que durava meses.

---

11 Rito de passagem praticado, em ocasião do solstício de verão, por diversas tribos nativas norte-americanas com o intuito de simbolizar, através de um ciclo de morte e renascimento, um processo de regeneração.

Durante os primeiros dois anos como educadora, meu maior medo era encontrar, entre os alunos, alguém que soubesse fazer aquilo que eu ensinava melhor do que eu mesma, assim, me esforçava em produzir exercícios extremamente difíceis.

Vários anos depois, em 1988, dirigi uma oficina de três meses com seis alunos, *Winter Seeds* (As Sementes do Inverno). Daquele momento em diante, comecei a determinar um núcleo de princípios a partir dos quais poderia, em um tempo curto, transmitir aquilo que para mim era o essencial do treinamento:

- como encontrar a própria presença cênica;
- como adquirir um comportamento cênico formalizado libertando-se dos automatismos da vida cotidiana;
- como se liberar dos próprios automatismos profissionais, dos próprios clichês.

No final dos anos de 1990, consegui destilar uma estrutura pedagógica para as minhas oficinas, que chamei de A Dança das Intenções e que compreende: a percepção da própria presença em relação ao espaço e aos outros atores; estar presente nas ações que se está realizando e ao mesmo tempo aberto ao que acontece à sua volta, pronto para reagir; como encontrar o eixo central do próprio corpo e trabalhar com aquilo que chamo de "a serpente", ou seja, o "músculo invisível" que corre ao longo da coluna vertebral desde os olhos até o cóccix e é a sede da *in-tensão* (voltarei a explicar mais a frente o conceito de *in-tensão*, muito importante no meu trabalho como atriz e educadora); como alcançar a imobilidade dinâmica; a exploração de diferentes qualidades de focalização do olhar a diversas distâncias; a identificação de vários pontos de onde pode partir o impulso para executar um passo e assim deslocar-se no espaço; a criação de ações físicas e vocais, e como executá-las com determinadas qualidades de energia; o trabalho com o *slow motion* (câmera lenta); o treinamento vocal com diversos ressonadores; as ações vocais em relação às ações físicas.

A serpente

Hoje, percorrendo em retrospecto o meu caminho profissional, posso reconhecer como no Odin Teatret a tradição da transmissão da experiência veio ao encontro de uma verdadeira e apropriada necessidade pedagógica, que se desenvolveu com o tempo e que pode expressar-se em diversos níveis.

Além de assistir aos espetáculos, quem estiver interessado no trabalho do nosso grupo tem a possibilidade de nos conhecer de forma mais aprofundada lendo livros e artigos escritos sobre o Odin Teatret ou por seus membros; vendo filmes e vídeos dos espetáculos e das demonstrações de trabalho ou de situações pedagógicas como, por exemplo, a Ista; assistindo ao vivo a demonstrações de trabalho; e participando de oficinas com membros do Odin Teatret.

<small>As demonstrações de trabalho</small>

Na primeira demonstração de trabalho do Odin Teatret, *Lua e Escuridão*, apresentada nos anos de 1980, Iben Nagel Rasmussen revisitava as diversas fases do seu treinamento e mostrava como havia composto algumas de suas personagens.

Com o passar dos anos, outros atores do Odin Teatret, que haviam desenvolvido e personalizado seu treinamento, encontraram na demonstração de trabalho um meio de comunicação que possui todas as informações técnicas e exemplos práticos da oficina e também a dramaturgia e a presença cênica do ator em um espetáculo.

Em 1988, fui convidada a apresentar o espetáculo *Judith*[12], no Teatro Stabile dell'Aquila. Naquela ocasião, Nando Taviani me pediu para ter a cada manhã um encontro de três horas com os alunos do seu curso universitário.

<small>Pegadas na Neve</small>

Auxiliada pelos filmes de Torgeir Wethal sobre treinamento e sobre os espetáculos do Odin Teatret, contei minha história profissional, dos primeiros passos sob condução de Eugenio Barba e dos atores mais experientes até a criação de *Judith*. Mesmo cortando o tempo dos filmes que mostrava, emergiu uma biografia artística de seis horas. Ao fim da sessão de encontros, que durou três dias, Nando Taviani me sugeriu transformá-la em uma demonstração de trabalho. De volta a Holstebro, condensei a narrativa e, em pouco tempo, tomou forma *Pegadas na Neve*. Eugenio interveio sobre essa proposta concreta fazendo poucas mas importantíssimas mudanças, sem no entanto alterar a estrutura.

A forma da minha demonstração de trabalho é fixa, mas não rígida. De tempos em tempos posso acentuar aspectos específicos do nosso trabalho ou introduzir novos temas que considero relevantes àquele momento e situação. Para tanto, sou obrigada a cortar outros temas, de maneira a conter a duração dentro de limites aceitáveis.

---

12 *Judith*, 1987-presente. Atriz: Roberta Carreri. Dramaturgia e direção: Eugenio Barba.

4. Exercícios e Princípios

Refletindo sobre a história do meu treina- As estações do treinamento
mento, percebo como este, desde minha entrada no Odin Teatret em
1974, atravessou quatro estações.

Eu as chamo de "estações", porque não existe uma linha de demarcação clara entre um período e o outro. Exatamente como durante um dia de agosto podemos perceber os sinais do outono, em um período de treinamento podemos reconhecer os embriões de um novo princípio, fruto de uma necessidade que, com o tempo, nos levará a um desenvolvimento futuro. Também sua duração não é semelhante: algumas podem durar dois anos, outras, mais de dez.

Hoje sou capaz de reconhecer como o propósito da primeira estação era, através do aprendizado de exercícios com outros, descobrir novas maneiras de pensar o corpo e encontrar minha presença cênica.

Na segunda estação, comecei a desenvolver um treinamento individual, inserindo princípios que eu mesma criava. Foi também o momento em que comecei a utilizar o treinamento para romper os clichês que no decorrer dos anos haviam se consolidado no meu trabalho.

Na terceira estação, o treinamento tornou-se o espaço no qual me concentrava na organização de partituras físicas, ou seja, sequências de ações fixas. Elaborava cenas e danças com a ajuda de músicas e objetos.

Agora, na quarta estação, o que me move é mais um tipo de necessidade existencial que se concretiza em um tema a partir do qual começo a buscar textos, músicas, objetos, figurinos, luzes, elementos cenográficos; a criar sequências de ações e danças para construir uma montagem que tenha uma coerência dramatúrgica.

Em meu treinamento tenho trabalhado com exercícios e com princípios.

Os exercícios têm uma estrutura fixa que permite que sejam transmitidos: um início, um desenvolvimento e um fim. Por exemplo, tanto os exercícios de acrobacia quanto os "exercícios físicos"[1] e plásticos (que os atores do Odin Teatret aprenderam diretamente com Ryszard Cieslak[2] nos anos de 1960) ou os "exercícios suíços", baseados em quedas, modos de sentar-se e levantar-se (que Iben desenvolveu em seu treinamento no início dos anos de 1970), apresentam estrutura fixa.

No trabalho com um princípio, ao contrário, o que é transmitido é uma moldura de regras segundo as quais é permitido agir.

Os exercícios de acrobacia foram parte fundamental na formação de todos os atores do Odin Teatret. Em seu aprendizado, o corpo e a mente devem ser uma unidade: se você começa a pensar em outra coisa enquanto realiza um exercício acrobático, é muito provável que caia e se machuque. Por isso, gosto de dizer que o chão foi meu primeiro mestre zen: despertou-me a cada vez que perdi a concentração.

Exercícios acrobáticos No Odin Teatret, o aprendizado acontecia por imitação. Foi Torgeir quem conduziu as sessões coletivas de acrobacias pelos doze primeiros anos, e, durante os últimos dois, também participei.

Sobre um colchonete de ginástica colocado no centro da sala, ele realizava um exercício e, logo depois, nós, alunos, tentávamos fazer

1 Tratava-se de exercícios claramente identificáveis através de nomes precisos como a ponte, a ponte anã, a vela.
2 Ryszard Cieslak, ator do Teatr-Laboratorium de Jerzy Grotowski. Em julho de 1966, juntamente com Grotowski e Stanislaw Brzozowski, Cieslak conduziu uma oficina de quinze dias sobre treinamento físico. Foi a primeira iniciativa organizada pelo Odin Teatret em Holstebro, que inaugurou a tradição de "oficinas escandinavas", que durou até 1977 e levou à Dinamarca mestres de tradições teatrais e de dança ocidentais e asiáticas. Cieslak, junto a Grotowski e a outros educadores, levou a Holstebro outras duas oficinas, em 1967 e 1968. Um documento precioso para conhecer seu trabalho como professor e os fundamentos do seu treinamento físico é o filme dirigido em 1971 por Torgeir Wethal e produzido pelo Odin Teatret Film, *Training at the Teatr-Laboratorium in Wrocław* (Treino com o Teatr-Laboratorium em Wrocław), que documenta uma sessão de trabalho de dois atores do Odin Teatret, Malou Illmoni e Tage Larsen. Sobre as oficinas conduzidas por Cieslak e Grotowski em Holstebro, escreve também Eugenio Barba em *A Terra de Cinzas e Diamantes*. Ryszard Cieslak faleceu em 1990.

exatamente o mesmo, repetindo duas ou três vezes. Torgeir mostrava o exercício mais uma vez, indicando no próprio corpo os pontos onde errávamos. O aprendizado acontecia em silêncio. Raramente eram usadas palavras. Devíamos observar atentamente: metade do trabalho consistia em aprender a "ler" no corpo do mestre o ponto essencial do exercício.

O ritmo intenso com o qual trabalhávamos tinha como intuito evitar os bloqueios mentais, e, por consequência, físicos, provocados pelo medo. Assim que aprendíamos uma série de exercícios, passávamos a improvisá-los em sequência e a realizá-los com diferentes dinâmicas. Quando nos sentíamos seguros o bastante, podíamos começar a realizá-los sobre o chão de madeira, sem a proteção do colchonete, movendo-nos em diversas direções no espaço. O fato de existirem mais pessoas trabalhando no espaço nos obrigava a estar mais atentos e a reagir à presença repentina de um companheiro em nossa frente, mudando rapidamente de direção. As colisões poderiam ser dolorosas. Esse risco controlado era, a meu ver, um elemento essencial de uma parte do treinamento.

Uma palavra que Eugenio usava e usa repetidamente durante o trabalho é *sats*, que em norueguês significa "impulso".

Poderia também definir o *sats* como a intenção de executar uma ação precisa. No momento em que acumulo as energias mentais, e, por reflexo, físicas, para executar um salto de meio metro, entro em posição de *sats*. Se minhas pernas estão hiperestendidas, não tenho possibilidade de estar em *sats*. Estar em posição de *sats* me permite reagir e mudar de direção a qualquer momento. Ser imprevisível. Estar em posição de *sats* implica estar presente no momento.

A precisão do *sats* e a rapidez dos reflexos eram condições indispensáveis tanto para as acrobacias como para os exercícios com a vareta de plástico, em que era preciso evitar o golpe do companheiro saltando ou abaixando-se. Ou ainda, no exercício em que, correndo e depois saltando, devia-se tocar de forma exata o esterno do companheiro com a ponta do pé. Esses exercícios tinham como objetivo nos acostumar a sermos precisos com os nossos *sats* e nossos olhares, para fazer o companheiro reagir corretamente. O intuito não era enganá-lo, mas dar a ele rapidamente uma informação clara à qual ele, também rapidamente, pudesse responder.

Durante os primeiros anos meu treinamento compreendia andares e posições dos quais Iben ensinava os princípios fundamentais. Um deles se chamava "samurai".

A presença dos samurais, como a dos espadachins, é caracterizada pelo fato de que cada gesto é repleto daquela presença extraordinária própria dos momentos de risco. Estão alertas. Estão presentes. Estão em posição de *sats*. Mas podem reagir adequadamente apenas se não estiverem bloqueados pelo medo.

Graças ao treinamento, é possível adquirir uma habilidade motora e uma memória física que aumentam a segurança em si mesmo. Uma vez conquistada a unidade mente-corpo, devemos apenas nos concentrar em habitar o instante com mente, ouvidos e olhos abertos, prontos a reagir.

Não devemos confundir essa qualidade de presença com tensão. Um gato, um esquiador empenhado em um *slalom* ou um toureiro podem reagir a qualquer momento porque não estão tensos: seu saber está incorporado.

5. O *Slow Motion*

Além de acrobacias, Torgeir ensinava os princípios do trabalho com equilíbrio e com *slow motion* (câmera lenta). Para o primeiro, fazia-nos saltar e aterrissar sobre a sola de um pé. Nessa posição devíamos manter o equilíbrio até o momento em que decidíssemos dar um outro salto em outra direção. Para tanto, sugeria-nos que nos "agarrássemos" com o olhar a um ponto na parede à nossa frente.

<small>O equilíbrio em movimento</small>

Para ensinar a movimentação em *slow motion*, Torgeir nos fazia executar passos enormes que colocavam em risco nosso equilíbrio. Novamente, para não cair, devíamos fixar o olhar sobre um ponto preciso na parede à frente. Desse modo, a relação que se criava entre minha nuca e meu pé de apoio determinava os limites extremos de uma curva dentro da qual, a fim de renovar meu equilíbrio em movimento, criava oposições que variavam de momento em momento.

O importante, dizia Torgeir, era sair daquela posição de equilíbrio entrópico (com o baricentro exatamente ao centro entre os dois pés paralelos) que pertencia à vida cotidiana para, ao invés, explorar posições de equilíbrio extremo que requeriam toda a nossa inteligência física. Aprender a realizar em *slow motion* alguns exercícios físicos, como paradas de mão, pontes, rolamentos, foi essencial para o desenvolvimento da minha inteligência física.

Para dar um grande passo à frente em *slow motion*, começo levantando a perna direita para trás, enquanto o tronco estende-se à frente; depois, girando sobre o eixo da perna esquerda, usando a musculatura lombar como apoio, desenho com a perna direita um arco a um metro do chão. Ao mesmo tempo, o torso se move em direção à esquerda para enfim estender-se para trás e a perna direita vem parar à minha frente. Só então poderei transferir o peso sobre o pé direito e executar o passo, ou levantar novamente o pé e decidir mover-me em uma outra direção.

Mover-se com extrema lentidão não faz parte da nossa técnica cotidiana e, portanto, para evitar executar involuntariamente movimentos velozes, devo pensar constantemente em cada parte do meu corpo.

Se no treinamento com acrobacia o fato de não ter tempo de refletir me ajuda a superar a barreira do medo, no *slow motion* a possibilidade de mover-me de forma lenta me ajuda a visualizar mentalmente cada detalhe do corpo em movimento. Trabalhando com a força da gravidade, empurro ou puxo meu corpo, transferindo o peso, e, centímetro a centímetro, desloco-me no espaço.

Imagino que o sangue corre lento nas minhas veias e que minha respiração se torna mais ampla.

Fazendo um rolamento em *slow motion*, a trança dos meus cabelos cairá no chão, pois não posso controlá-la, mas devo ser capaz de dominar o resto do corpo: mãos, pés, braços, pernas, torso, cabeça... Devo pensar simultaneamente em todas as partes do meu corpo também para poder prevenir os problemas que possam surgir mais tarde. Por exemplo, se enquanto estou entrando em posição para fazer um rolamento não começo a deslocar minha mão direita à frente, esta não chegará a tocar o solo a tempo de frear a queda do meu corpo naquela direção.

Não posso fazer nenhum gesto rápido. Por isso, antes de chegar a colocar os pés no chão, devo pensar em uma maneira de apoiá-los para que me permita, depois, levantar-me, evitando movimentos bruscos. Apenas com a transferência do peso à frente, devo ser capaz de levantar o quadril do chão e, liberando do meu peso uma perna, colocar-me em pé com extrema lentidão. Para evitar que meus braços se movam rapidamente, devo realizar a ação de empurrar o ar com os braços e as mãos, imaginando que o ar me oponha resistência, como se eu me movimentasse em um mar de melado.

Se decido me sentar, devo criar dentro de mim uma contraposição que me ajude a não cair. Uma queda de um centímetro é uma queda.

Um rolamento executado em *slow motion*.

Nesse estado de *sats contínuo*, posso congelar a ação a qualquer momento.

O *slow motion* não consiste apenas em mover-se lentamente, mas é o resultado de um impulso interno que parte da "serpente".

Defino os olhos como a primeira vértebra ou ainda como a cabeça da "serpente", e o cóccix como sua cauda.

O trabalho com um princípio oferece uma moldura de regras dentro da qual é possível realizar variações. Assim, também no princípio do *slow motion*, posso improvisar sem executar exercícios fixos, porém devo sempre estar atenta a não infringir a regra básica de me movimentar muito lentamente. Posso, por exemplo, deslocar-me em *slow motion* trabalhando com as oposições, indicando, com diversas partes do corpo, várias direções no espaço: olho para a esquerda, levo atrás o cotovelo direito, desloco a bacia em direção à direita apontando para frente com a mão esquerda, mudo a direção do olhar, do braço esquerdo, do braço direito, abaixo-me, dou um passo à direita.

Dessa maneira, crio um corpo do qual, como em uma escultura cubista, vários vetores de energia são irradiados simultaneamente em diversas direções no espaço. O importante é respeitar a regra de movimentar-se em câmera lenta.

Se perco o equilíbrio, os meus movimentos aceleram, violando assim a regra que define o princípio no qual me movo. Devo então voltar e repetir o passo de modo correto.

6. A Composição

A composição com pernas e pés, braços e mãos, é outro princípio que fez parte da primeira estação do meu treinamento.

O objetivo desse treinamento é ajudar o ator a se libertar dos automatismos da vida cotidiana, em que vale a regra de obter o maior resultado realizando o mínimo esforço. Se devo caminhar de A a B, escolho o percurso mais curto: a linha reta. Nesse treinamento, ao contrário, vale a regra oposta. Se devo caminhar de A a B, inicio procedendo na direção contrária, crio um contra-impulso e uma mudança de direção, movo-me ao longo de uma linha curva ou em ziguezague. Crio momentos de surpresa, peripécias, antes de chegar à minha meta. Dessa forma, dançando com meu *sats*, me acostumo a não antecipar a ação.

Quando somos recém-nascidos, exploramos as possibilidades de nossas mãos e pés. Mas, do momento em que começamos a caminhar, nos dedicamos a utilizar nosso corpo do modo mais funcional.

Com o tempo nos tornamos tão hábeis a ponto de podermos caminhar sem nem sequer pensar nisso. Caminhar passa a fazer parte da técnica cotidiana do corpo e, como tal, transforma-se em um automatismo.

O propósito do trabalho de composição com as pernas e pés é experimentar novas possibilidades de deslocar o corpo no espaço usando imagens mentais capazes de despertar associações físicas. Por exemplo, acariciando o chão com todo o pé; fazendo-o avançar como um arado que sulca o solo; caminhando sobre uma placa de mármore sob o sol

Exemplos de composições com os pés: à esquerda, empurrando as ondas; à direita, caminhando sobre uma placa de mármore sob o sol do meio-dia.

Exemplos de composições com os pés: no alto, como uma lancha sobre a crista da onda; abaixo, como um arado que sulca a terra.

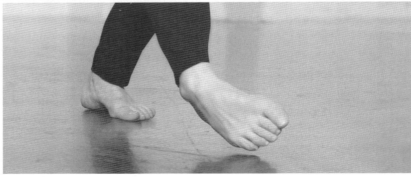

do meio-dia; marchando como um militar russo; usando a ponta do pé como um cão que fareja um rastro; caminhando na ponta dos pés como o gato Frajola; recuando e chutando as ondas do mar à minha frente; movendo areia para os lados; caminhando como se os pés fossem serpentes; dando passos grandes como um samurai.

Da mesma forma posso trabalhar com os braços e as mãos. As mãos que usamos o tempo todo, mas com as quais raramente dançamos, podem, por exemplo, assumir o aspecto de borboletas que brincam sobre um abismo; ondas sobre o mar distante; fogos de artifício; flechas que lanço do meu peito; caranguejos prontos para a batalha; um diadema que brilha sobre minha cabeça; a coroa de uma flor que se abre; peixes que deslizam em um pântano; folhas que caem de árvores; um boneco de neve que se desfaz; um salgueiro-chorão ao vento.

Minha atenção é voltada às mãos ou aos pés. Contudo, essas não são as únicas partes que movo: todo o corpo está envolvido quando trabalho com o princípio da composição.

Exemplos de composições com as mãos:
À esquerda, um diadema que brilha sobre a cabeça; à direita, borboletas que brincam sobre o abismo.

Exemplos de composições com as mãos: no alto, folhas que caem das árvores; acima, a coroa de uma flor que se abre.

Para cada imagem, mudo a direção e a velocidade no espaço, buscando evitar as pausas, que são o resultado típico da defasagem produzida pela separação entre pensamento e ação.

Esse princípio oferece ao ator a possibilidade de descobrir um modo de ser natural em cena sem resultar naturalístico. A riqueza de possibilidades que se revela na composição contribui para aumentar no ator a segurança em si mesmo e a capacidade de reagir rapidamente e de modo pertinente às indicações do diretor.

7. A Introversão e a Extroversão

Outro princípio que me foi transmitido pelos companheiros mais antigos durante a primeira estação do meu treinamento foi o da introversão e da extroversão.

Seu ponto de partida é que posso introverter ou extroverter cada parte do corpo. Podemos também dizer "fechar" ou "abrir". A cabeça, por exemplo, pode voltar-se para baixo (introvertida) ou para o alto (extrovertida); os ombros podem flexionar-se para frente (introvertidos) ou para trás (extrovertidos); o quadril pode fazer a báscula para frente (introvertido) ou para trás (extrovertido); os braços podem se recolher ao redor do torso (introvertidos) ou se escancarar (extrovertidos); as mãos podem se fechar (introvertidas) ou se abrir (extrovertidas); as pernas podem ter os joelhos voltados para dentro (introvertidos) ou para fora (extrovertidos); os pés seguem as pernas.

Trabalhando com esse princípio, crio um diálogo entre as diversas partes do corpo. <small>Diálogo entre as diversas partes do corpo</small>

Por exemplo: cabeça introvertida, ombros introvertidos, braços extrovertidos, uma mão introvertida e a outra extrovertida, quadril extrovertido, uma perna extrovertida, a outra introvertida. Mãos extrovertidas, enquanto os braços estão introvertidos, ou o contrário.

Posso estar completamente extrovertida e mudar apenas um detalhe: a cabeça.

Nesse diálogo entre as diversas partes do corpo, às vezes criam-se posições que despertam em mim imagens precisas e que, reintroduzidas no treinamento cotidiano, com o tempo transformam-se em formas fixas. Ainda que isso faça parte do desenvolvimento natural do treinamento dentro de um princípio, devo estar atenta a não repetir apenas formas conhecidas, mas continuar na pesquisa de novas combinações.

Esse princípio, como os anteriores, obriga-me a, além de pensar com todo o corpo, levar em consideração a relação com o espaço em que me movimento. Para torná-lo vivo, mudo frequentemente de direção, desloco-me ao longo de linhas retas e curvas, em círculo, em diagonal, ou ainda paralela ou perpendicularmente às linhas que delimitam o espaço em que atuo.

Sou uma escultura que passa por diversas metamorfoses enquanto se move, conquistando novas posições no espaço.

Nas páginas seguintes, exemplos de diálogos entre as diversas partes do corpo tornadas, alternativamente, introvertidas ou extrovertidas.

8. A Dinamarca

No inverno, na Dinamarca, às sete da manhã é ainda noite profunda. <small>Um teatro e muitas casas</small>

Quando cheguei a Holstebro, em outubro de 1974, Iben e Torgeir me propuseram que fosse morar em sua casa. Essa casa, no entanto, já havia sido posta à venda, de forma que dois meses depois tivemos que deixá-la e nos mudamos para o campo. Poucos meses depois, me mudei outra vez, agora para viver sozinha num pavilhão nos fundos do teatro que a primeira Brigada Internacional havia acabado de construir.

Durante os primeiros dois anos no Odin Teatret, mudei de casa seis vezes. Mudanças não eram um grande problema. Meus poucos pertences cabiam em uma mala e quatro caixas de madeira sobre as quais dominava a inscrição Carlsberg e que, no passado, haviam servido para carregar garrafas de cerveja. Agora eu as usava como estante, mesa de cabeceira e gaveta.

No outono de 1975, Tom Fjordefalk[1] e eu alugamos uma casinha de dois cômodos e cozinha na qual, no decorrer dos anos, haviam vivido outros atores do Odin Teatret. Ficava ao lado de um bosque. Não tinha água corrente e era necessário retirá-la de uma bomba d'água no jardim, que no inverno congelava. Tínhamos uma bicicleta para os dois. Tom pedalava ofegando ao longo dos cinco quilômetros que nos separavam do teatro, eu congelava sentada sobre o bagageiro. Foi em

---

[1] Tom Fjordefalk, ator sueco do Odin Teatret de 1974 a 1984. Fez parte dos espetáculos de grupo *O Livro das Danças, Vem! E o Dia Será Nosso, Anabasis* e *O Milhão*.

O Odin Teatret no final dos anos de 1960.

1976, após nossa primeira turnê pela América do Sul, que compramos um carro, muito velho. Mesmo assim, dois meses depois eu voltava a viver no teatro, dessa vez em um quarto no sótão.

Situado à periferia da cidade que rapidamente crescia, o Odin Teatret, na metade dos anos de 1970, fazia a ligação entre um quarteirão de chalezinhos enfileirados protegidos por cercas de arbustos e campos não cultivados onde, pela manhã, fazíamos nossa corrida.

Correr nas praias de Salento era muito diferente de correr nos campos brancos de geada da Dinamarca. Aqui, nas manhãs de inverno, quando não chove, a lua está ainda alta no céu e as estrelas brilham. Eu havia lido que Ulrik, durante seus primeiros anos no Odin Teatret, para resistir ao duro treinamento, pensava nas barbas de Karl Marx. Correndo com o muco que congelava sob meu nariz, eu pensava em Ulrik, que pensava nas barbas de Karl Marx.

À corrida seguia uma hora de acrobacias. Começar o dia desse modo me fazia, literalmente, vomitar. Depois dos primeiros dois dias, comecei a tomar o café da manhã durante a pausa na metade da manhã.

Quando passei a viver sozinha no quartinho do pavilhão nos fundos do teatro, experimentei pela primeira vez o grande silêncio escandinavo, o mesmo que permeava os filmes de Ingmar Bergman que eu havia assistido nos cinemas de arte milaneses. Esse silêncio, que me envolvia fazendo zumbir meus ouvidos, parecia literalmente tangível. Era angustiante. Na Itália, os barulhos da vida pulsavam ao meu redor

O Odin Teatret em 2006.

e eram despejados na minha mente. Aqui, no silêncio, podia ouvir mais claramente meus pensamentos.

Durante os primeiros anos no Odin Teatret, a Dinamarca era para mim uma entidade abstrata. Trabalhava o dia inteiro no teatro e, com exceção do supermercado, da biblioteca, do dentista, do médico e do banco, meu contato com Holstebro era praticamente inexistente. Vivia no "planeta Odin" e, não tendo amigos ou família na Dinamarca, não tinha ideia do país em que morava. Privada da possibilidade de comunicação na minha língua, encontrei refúgio nos diários. Acho que um dos primeiros conselhos que Eugenio me deu em Carpignano foi o de ter um diário de trabalho. Os diários (privado e de trabalho) tornaram-se meus confidentes e minha memória. Na escola havia aprendido a tomar notas, mas agora, tendo que relatar sequências de ações e danças, inventei um novo sistema de anotação.

Os diários

Na minha chegada a Carpignano, Eugenio havia pedido a Elsa Kvamme[2] que me ensinasse norueguês. Era a língua que falavam Eugenio, Torgeir, Elsa e também Else Marie. Tom era sueco.

Por causa do ritmo intenso de trabalho e das turnês, não tive nunca a possibilidade de frequentar a escola de dinamarquês. O dinamarquês era para mim uma língua com sons muito imprecisos. A pronúncia das

---

2   Elsa Kvamme, atriz norueguesa do Odin Teatret de 1973 a 1975. Fez parte do espetáculo de grupo *O Livro das Danças*.

palavras tornava impossível imaginar sua grafia. Por isso, aprender de ouvido era muito difícil.

Em 1976, Francis Pardeilhan passou a fazer parte do grupo e da minha vida privada. No início, entre nós, falávamos francês; depois, com o tempo, passamos ao inglês. Nossa filha Alice, nascida em 1981, cresceu aprendendo três línguas ao mesmo tempo: italiano, inglês e dinamarquês. Na verdade, foi precisamente Alice quem me fez entrar em contato com Holstebro. O mundo que passou a gravitar à sua volta depois de seu nascimento – *dagmamma*[3], escola, clube, escola de música, de equitação e segundo grau – me colocou em contato com uma parte da população dessa cidadezinha que de outra forma não teria nunca encontrado. Para me comunicar com os companheiros de classe e amigos de Alice tive que, finalmente, aprender a falar dinamarquês.

Poderia dizer que foi Alice quem me trouxe à Dinamarca.

---

[3] Em dinamarquês, "mãe do dia". Na Dinamarca, se a casa em que determinada família mora possui certas características estabelecidas pela municipalidade, é possível instalar uma pequena creche privada para cinco crianças, gerida pela *dagmamma*. As pessoas que usufruem pagam uma cota mensal à municipalidade que, por sua vez, paga um salário fixo à *dagmamma*.

9. Gerônimo e o Teatro de Rua

Em julho de 1976, nasceu Gerônimo, meu personagem em *Anabasis*[1].

O nascimento de Gerônimo

Estava em Møn, uma pequena ilha da Dinamarca, com Jan Torp e Silvia Ricciardelli. Silvia tinha acabado de participar da segunda oficina de seis meses com a Brigada Internacional. Havíamos sido convidados a apresentar intervenções de teatro de rua como parte de um festival internacional.

Chegamos diretamente das férias e não tinha comigo um figurino sequer, apenas uma cartola que havia comprado em um brechó. Jan, que tinha um metro e noventa de altura e pesava noventa quilos, emprestou-me sapatos, calças de smoking, camisa branca e gravata. Tudo estava limpo e em ótimo estado, mas decididamente grande demais para mim.

O problema do tamanho das calças foi resolvido com um par de suspensórios vermelhos. Para remediar seu comprimento excessivo, fui obrigada a encurtá-las. Mas as encurtei um pouco demais. Assim, meus tornozelos nus despontavam, em toda sua vulnerabilidade, de um par de sapatos número 44.

Estava bronzeada e com os cabelos cortados como os de um pajem. Em abril, uma Yanomami no coração da floresta amazônica os havia

---

[1] *Anabasis*, 1977-1984. Espetáculo itinerante. Atores: Torben Bjelke, Roberta Carreri, Toni Cots, Tom Fjordefalk, Tage Larsen, Else Marie Laukvik, Francis Pardeilhan, Iben Nagel Rasmussen, Silvia Ricciardelli, Gustavo Riondet, Ulrik Skeel, Julia Varley, Torgeir Wethal (alguns dos atores participaram apenas de uma das diversas versões). Direção: Eugenio Barba.

cortado enquanto estávamos em turnê pela Venezuela com *Vem! E o Dia Será Nosso*.

Quando me olhei no espelho, a imagem que vi refletida me fez pensar em um daqueles daguerreótipos de indígenas norte-americanos que, para serem fotografados, vestiam elegantes trajes europeus, resultando assim extremamente cômicos. Batizei-me Gerônimo, em honra ao grande chefe apache. Gerônimo nasceu de um figurino e da nostalgia pela inocência absoluta.

<small>A ingenuidade de Gerônimo</small>

Era verão e Gerônimo tinha um fio de palha entre os dentes e, agarrado à mão de Jan, olhava o mundo com os olhos arregalados e sonhadores. Sua respiração era lenta como seus movimentos, leves e flutuantes. Caminhava pela rua ao som do acordeom de Silvia que vestia, além de smoking preto, uma peruca encaracolada e vermelha que evocava a de Harpo Marx. Olhando as pessoas nos olhos, Gerônimo conseguia ultrapassar a distância que separa dois desconhecidos. Lentamente "passava a mão" em um sorvete de uma criança atônita. Porém, pouco antes que a criança começasse a chorar, Jan intervinha mandando que Gerônimo o

Gerônimo com Jan Torp (Volterra, 1976).

devolvesse imediatamente. À sombra de Jan eu redescobria o mundo, olhando-o através dos olhos ingênuos de Gerônimo.

A criação dessa personagem que, além de ser masculina, é simples de espírito, libertou-me de toda uma série de clichês comportamentais femininos que eu havia desenvolvido no meu trabalho.

Gerônimo teve a possibilidade de consolidar-se durante a semana que ficamos em Møn. Foi ali que Francis Pardeilhan, que participava do festival como ator da companhia inglesa Ladies and Gentlemen, interessou-se por mim e pelo nosso trabalho.

No começo, Gerônimo era mudo, mas, após poucos meses, Jan encontrou os apitos de chamados de pássaros: um pato para ele e um corvo para mim. Assim saímos do nosso mutismo.

Quando, em 1978, Jan nos comunicou sua intenção de deixar o Odin Teatret, senti uma dor imensa. Gerônimo perderia seu ponto de apoio, o irmão mais velho que o protegia do mundo e reparava suas travessuras.

Minha personagem, agora solitária, teve de desenvolver uma nova natureza e assumiu assim uma dinâmica mais vivaz e dançante. Seu chapéu, seus sapatos e sua "voz" (o apito de pato que havia sido de Jan) são sua máscara.

Gerônimo estendeu a mão a pessoas de diversas nacionalidades e estratos sociais. Se a sua voz assusta cachorros ou crianças, Gerônimo se assusta em resposta, fugindo ou se afastando temeroso.

Gerônimo é uma das minhas chaves para o mundo. Só uma coisa o aterroriza: trepar em uma corda esticada no alto entre duas casas.

Gerônimo e a corda

Em Pontedera, em setembro de 1976, o Odin Teatret e o Bread and Puppet Theatre[2] fizeram um grande espetáculo itinerante ao longo da avenida principal da cidade.

Francis Pardeilhan havia acabado de se juntar a nós na Itália e segurava a ponta da corda por trás da janela de onde eu saía. Knud Erik Knudsen, nosso técnico, tinha a outra ponta, da janela do prédio oposto. Jan e eu nos equilibrávamos no vazio: dois palhaços sobre a corda. Ninguém achou que minha queda houvesse sido um acidente, aterrissei diretamente sobre o traseiro, em frente à máscara "cor de

---

2 Grupo fundado em Nova York por Peter Schumann, em 1961.

Gerônimo e Jan em equilíbrio sobre corda (Pontedera, 1976).

rosa porquinho" do Anão de Torgeir que, com um assobio, rapidamente reuniu os companheiros. A parada continuou com Gerônimo no final, como de costume. Seu caminhar duvidoso parecia parte da personagem.

Graças à adrenalina produzida em situação de espetáculo (e de perigo), quase não senti dor. Eu a sentiria poucas horas depois, quando surgiu também um enorme hematoma.

Em Århus, exatamente dois anos depois, uma corda esticada no alto atravessava uma rua de pedestres. De um lado desaparecia em uma daquelas janelas fechadas por dentro que só pode ser aberta pela metade. Isso não era importante porque deveria subir à corda sentando-me nos ombros de Tage, que estava sobre pernas de pau. Avancei pela corda, agarrada a ela pelas mãos e os tornozelos cruzados. Chegando exatamente ao centro, soltei-me lentamente, permanecendo agarrada apenas pelas mãos. Tage, em pernas de pau, estendendo os braços conseguia apenas roçar meus pés. Olhei para a janela onde a corda desaparecia. Senti que a força me abandonava. Havia apenas um caminho de saída. As mãos se soltaram antes que houvesse tempo de ter medo. Tage agarrou meus pés em pleno voo, mas escaparam por entre seus dedos. Olhando

Gerônimo no Peru (1978).

o céu azul sobre mim, pensava: "Nunca agarre pelos pés alguém que está caindo, pois assim cairá sobre a cabeça".

Não senti o golpe. De repente, tudo ficou escuro.

Em volta de mim, silêncio. Sangue sobre a calçada. A cartola amassada resta como testemunha do meu voo.

Há quem diga que me salvou a vida.

Minha coluna vertebral, porém, permaneceu inevitavelmente danificada. Em 1992, quando fui operada do vazamento da hérnia cervical que paralisou meu braço esquerdo, constataram que o disco entre a quarta e a quinta cervical estava partido havia quatorze anos. A cirurgia soldou as duas vértebras, reduzindo a mobilidade da nuca.

A queda de Gerônimo provocou uma mudança no meu treinamento, mas nem por isso deixei de trabalhar e viajar.

Viajar me provoca ansiedade e meu limite de resistência à dor é muito baixo. Se fiz esse trabalho por tantos anos, não é por ser uma mártir ou por ser masoquista. Permaneci no Odin Teatret porque fui capaz de ouvir uma parte profunda de mim que me fez entender que eu tinha essa necessidade. Nosso estilo de vida, cheio de viagens e de desafios criativamente estimulantes, pode fascinar muitas pessoas, mas só se pode chegar a vivê-lo de fato se tivermos uma necessidade profunda a nos guiar.

Em junho de 1982, Gerônimo estava na África, em Alto Volta. Sozinho pela primeira vez. Daquela viagem[3], como de costume, tenho um diário. Eis alguns fragmentos.

Do diário de viagem à África

Dori, Alto Volta, junho de 1982.

Até agora fui fácil de ser identificada: uma griotte (como eles chamam os bobos da corte) que dança com outros griots. Hoje vou sair do espaço cênico e andar por entre aquele que é o de domínio da gente normal.

Saindo da nossa casa e virando à esquerda, chega-se em cinco minutos ao mercado.

O momento de maior atividade é o que vai das dez ao meio-dia. Hoje, pela primeira vez, Gerônimo enfrentará a rua sozinho, sem a proteção dos companheiros do Odin Teatret.

Gerônimo sai da casa a passos lentos e logo que chega à zona do mercado percebe que as mulheres têm medo. Veem uma branca, vestida de homem, com um chapéu bizarro na cabeça, os sapatos grandes demais e uma coisa estranha na boca que produz um som quase desrespeitoso. Com certeza acham que sou louca. Só os loucos andam pelas ruas agindo de forma ridícula. Mas, enquanto Gerônimo avança saltitante, as crianças o olham direto nos olhos e riem.

Isso acalma um pouco as mulheres. Se diverte as crianças não é perigosa, parecem dizer olhando umas às outras.

Um mar de crianças estridentes começou a me seguir. Existe o risco de alguma delas virar as cestas cheias de frutas e sementes. Por isso, entrando no mercado, presto atenção em escolher as passagens mais amplas e em avançar mais lentamente nas mais estreitas. Nos raros espaços abertos, dou meia volta e me lanço rapidamente contra os meus seguidores, que fogem rindo para voltar a me seguir assim que viro as

---

3 Documentada no filme *Dances in the Sand*, produzido e dirigido pela antropóloga dinamarquesa Mette Bovin, em 1983. Trata-se de uma troca cultural em um contexto de "antropologia provocativa". No filme, a atriz, a antropóloga e os habitantes da aldeia africana participam de uma troca de danças, teatro, cantos, "dança da hiena", máscaras e ritmos de tambores. Sobre essa experiência, pode-se ler o ensaio de Mette Bovin "Provocation Anthropology: Bartering Performance in Africa" publicado em I. Watson and colleagues, *Negotiating Cultures. Eugenio Barba and the Intercultural Debate*, Manchester/New York: Manchester University Press, 2002, p. 142-158.

costas. Gritam uma palavra que não consigo decifrar. Parece que dizem *Salò. Salaud?* (Porcalhão, em francês.) Não consigo acreditar.

Lembro que em Ayacucho, sobre os Andes peruanos, um menino que seguia uma de nossas intervenções em um mercado local tinha dito que Gerônimo era o Diabo porque tinha os pés compridos demais.

Agora um velho vestido de índigo me olha com um ar severo, move a cabeça em sinal de desaprovação, estica um braço e estende o indicador magro como se mostrasse um ponto longínquo. Paro, olho seu braço, seus olhos, seu dedo... E me dirijo, grunhindo, naquela direção, seguida pela multidão de crianças gritantes. Na primeira esquina, viro à esquerda e atravesso a entrada do grande pátio branco dos costureiros onde faço uma entrada triunfal arrastando atrás de mim meu séquito barulhento que, para a ocasião, começou a imitar meu caminhar.

Depois de sair do pátio dos costureiros, contorno o mercado e chego em frente à nossa Land Rover. Eu me refugio dentro dela enquanto as crianças atacam o carro. Através do vidro, meu olhar cruza com o do menino que o tempo todo me havia seguido mais de perto e que havia sido o primeiro a articular aquela palavra. Abro um pouco o vidro e lhe pergunto: "mas o que é que continuam gritando?".

"Sarlot".

"O que significa isso?"

"É o nome de um pequeno homem branco com chapéu preto na cabeça e pés compridos como você que anda com um menino ao lado".

"Onde o viram?"

"No cinema da missão".

O filme que haviam visto era O Garoto de Charlie Chaplin.

Era a primeira vez na minha vida que era confundida com Charlot*.

Dia seguinte. Repetimos a ação no mercado e, dessa vez, a filmamos. O câmera, o técnico de som e Mette já saíram. Para filmar minha chegada ao mercado, devem montar a câmera sobre o teto da Land Rover.

Sozinha na casa deserta, dou nó na gravatinha, olhando-me no espelho.

Eu me sinto como um animal exótico, uma curiosidade circense.

Tenho medo.

---

* Nome pelo qual a personagem de Charles Chaplin é conhecida nos países de língua francesa. No Brasil, é conhecido por Carlitos (N. da T.).

Vou sair e dessa vez os meninos vão me atacar logo, os adultos vão me detestar pelo dano que isso provocará e, por fim, vou ter que me refugiar outra vez na Land Rover.

Digo a mim mesma: o importante é não ter medo. Se não tiver medo, meus olhos serão transparentes e as pessoas não poderão ser agressivas. Tudo dará certo. O importante é que os meninos não me toquem. Se começarem a tocar em Gerônimo será o fim.

É hora de ir.

Da soleira da casa posso ver o câmera sobre o teto da Land Rover na esquina do mercado.

Caminho lentamente. Cumprimento os vizinhos da casa.

Exatamente antes de chegar ao mercado encontro Haussa, o homem que havia dançado com facas na minha primeira troca *em Dori. Apertamos as mãos. Olha para meus sapatos. Digo que estou vestida assim pois estou indo ao mercado para trabalhar.*

"Para dançar?"

"Mais ou menos".

Assim que me despeço, coloco o apito na boca, viro bruscamente e encontro o olhar de um menino. Ele me sorri. Gerônimo começou. Não existe razão para ter medo.

Hoje, riem também as mulheres.

10. Fontes de Inspiração

A segunda estação começou para mim cerca A segunda
de três anos após minha entrada no grupo. Um dia Eugenio, depois de ter estação do
assistido ao meu treinamento, decidiu que daquele momento em diante eu treinamento
poderia ser responsável em primeira pessoa. Meu treinamento se tornou,
assim, individual. Foi um momento de grande liberdade, mas também de
muita solidão. Até aquele dia, um ator mais antigo ou o próprio Eugenio
havia observado meu trabalho, dando indicações e conselhos necessários.

Agora, que devia decidir sozinha o que fazer, precisava de inspiração.

Existem diversas formas de encontrar inspiração. Por exemplo, observando o trabalho de outros grupos de teatro, assistindo a espetáculos de outras tradições teatrais, lendo livros, indo ao cinema ou observando fotografias ou obras de arte.

Em 1976, durante uma turnê nossa em Belgrado, tive a oportunidade de assistir a *Einstein on the Beach* de Bob Wilson. O espetáculo me impressionou desde o começo, pelo seu ritmo particularmente lento, pelas grandes cenografias móveis e pela música repetitiva de Philip Glass. Uma dançarina realizava uma caminhada dançada. Avançava em direção aos espectadores em diagonal para depois retroceder ao longo da mesma linha. As mudanças eram mínimas. Após alguns minutos, bastou uma mudança apenas um pouco maior para criar um forte impacto.

Para mim foi uma revelação. A partir daquele momento comecei a A
trabalhar sobre o princípio da repetição do movimento, introduzindo, repetitividade
no meu treinamento, trechos de músicas de Philip Glass. Tentava imitar do movimento

aquilo que havia visto fazer a dançarina de Bob Wilson, inserindo, dentro de uma estrutura fixa (a caminhada dançada para frente e para trás), variações mínimas que consistiam, essencialmente, em mudar de vez em quando a ênfase dos meus passos. Trabalhei com esse princípio por anos, aplicando-o também aos braços.

Começava batendo ritmicamente as mãos. Depois, passava a variar a dimensão (de muito pequena a enorme), a velocidade (de muito lenta a extremamente veloz) e colocava a ênfase em diversos pontos da ação. As mudanças de intensidade, velocidade, dimensão e direção podiam acontecer não apenas entre uma ação e outra, mas também dentro da própria ação. Enfatizando o momento em que as mãos estão para se unir ou quando se separam, a ação mudava de significado. Podia transformar-se da união das mãos em sinal de oração ao voo de um pássaro, de um aplauso a um gesto de censura, do ato de render-se ao de sovar a massa do pão.

Um processo similar de metamorfose revelou em seguida ser muito útil na interpretação da partitura. Porém, disto voltarei a falar.

Em turnê, participava ativamente das oficinas conduzidas por Eugenio.

Do diário de trabalho

4 de outubro de 1979
Oficina em Aix en Provence.
Começamos o trabalho com a espinha dorsal fazendo pontes, paradas de ombro e de cabeça.

Eugenio disse: "O importante não é fazer o exercício, mas ter consciência do processo que acontece no nível muscular. Concentrem a atenção sobre a colaboração entre o peso e a força da gravidade".

Depois passamos ao trabalho com as pernas. Eugenio disse: "Trabalhem sobre: o passo (concentrando-se no deslocamento do corpo); os pés (concentrando-se em como tocam o chão); o joelho (concentrando-se na sua trajetória, que determina a direção no espaço). Agora criem três caminhadas: uma na água, uma decidida e uma carregando uma pessoa sobre os ombros. Depois trabalhem com as diversas caminhadas em diferentes ritmos".

Eugenio introduz algumas músicas.

5 de outubro de 1979
Iniciamos trabalhando com os braços.
Eugenio disse: "Explorem as possibilidades de movimento das articulações dos ombros, dos cotovelos, dos pulsos. Encontrem, para cada arti-

culação, três possibilidades. Criem, então, diversas combinações destas possibilidades. Primeiro, todas as possibilidades com um braço. Depois, ao mesmo tempo, com os dois braços. Depois, com um braço que realiza uma possibilidade e o outro que realiza outra".

Eugenio escolhe um dos participantes e passa por todo esse processo com ele, enquanto os outros observam.

Eugenio pede a ele que acrescente às formas que foram fixadas (exercícios) os passos que criou ontem.

Disse: *"Não esqueça do olhar!"* E depois, acrescenta o trabalho com o ritmo.

Eugenio disse: *"Alguém que caminha com uma perna rígida dá a impressão de ser um inválido. O que nós buscamos é, ao contrário, nos libertar da invalidez. Você deve terminar a ação de modo preciso para poder reter as energias e mandá-las na direção em que você decidiu. Agora insira no que faz diversas direções. Surpreenda-se!"*

Eugenio pede a todos os participantes que façam o mesmo. Depois, diz: *"Esta experiência não pode ser transmitida com palavras. Aquilo que foi aprendido não pode ser transmitido. Nem mesmo com exercícios. Devem acostumar o corpo a pensar para chegar a uma expressão orgânica e não a um fruto da atuação artificial. Existe uma diferença nas necessidades: voa quem quer*".*

Uma outra fonte de inspiração para mim são os livros, não só através das palavras, mas também das imagens.

Nos livros de arte, por exemplo, posso encontrar uma infinidade de propostas de como compor o corpo. Por séculos, pintores e escultores têm escolhido com cuidado a pose das modelos e dos modelos que depois foram eternizados em suas obras.

Durante uma turnê na França, no início dos anos de 1980, encontrei um livro fotográfico sobre o jogo de bocha: *Petanque et jeu provençal*[1]. Continha imagens que retratavam diversos momentos do jogo e a maior parte delas representava pessoas idosas. Pude perceber que os jogadores, no momento em que se preparavam para executar o lançamento, pensavam com todo o corpo. Para realizar uma bochada, ou seja, para deslocar a bola do adversário do seu ponto de vantagem e deixar a própria

---

* Do trocadilho italiano *"vola chi vuole"* (N. da T.).
[1] Fotografias de Hans Silvester e textos de Yvan Audouard, Paris: Chêne, 1977.

bola mais próxima do bolim, tinham que acumular a quantidade exata de energia. Para conseguir o efeito desejado, precisavam envolver todo o corpo, não apenas o braço e a mão.

Essa presença total, congelada na fotografia, fascinou-me e busquei, assim, criar um equivalente dentro do meu treinamento físico.

Como o que me chamava a atenção naquelas fotos era o fato de fixarem um movimento, comecei lançando uma bola imaginária em diversas direções no espaço, congelando a ação no momento em que a bola deixava a minha mão. Ao fazê-lo, decidi me dar a regra de manter o equilíbrio sobre apenas um pé de apoio.

Se lançando a bola para a esquerda, deixo que o peso do meu corpo vá na mesma direção do meu braço, cairei naquele sentido. Para manter o equilíbrio, devo criar um contra-impulso, por exemplo, com o lado direito da minha caixa torácica. Mas se esse último for muito forte, meu corpo cairá nessa direção. Devo, portanto, calcular, no mesmo instante, a força do lançamento e a do contraimpulso.

Exemplos de "instantâneos fotográficos" de lançamentos.

O equilíbrio é sempre o resultado de duas forças opostas mas equivalentes.

Posso lançar a bola imaginária em diversas direções no espaço, lentamente ou com velocidade, delicadamente ou com força, com movimentos pequenos ou grandes. O impulso para o lançamento pode ser lento e delicado e depois a bola pode ser lançada de forma veloz e enérgica. Como o impulso é parte integrante da ação, pode sofrer variações de velocidade e intensidade. O final de um lançamento contém o *sats* para o início do próximo. Modulando a minha energia no espaço e no tempo, crio uma fluência: um fluxo contínuo e variado de energia.

O meu treinamento cresceu por transformações, sofrendo mudanças contínuas. Seu desenvolvimento foi causado pela escolha de fazer aquilo que, em determinado momento, mostrava ser mais eficiente para meu crescimento profissional.

Algumas vezes as mudanças foram sugeridas por Eugenio, outras foram produto da exploração de novos princípios ou da introdução de textos, objetos ou música no trabalho com um princípio explorado já há muito tempo e que tenha começado a perder sua qualidade de desafio.

Em 1979, durante uma turnê no Japão, comprei um chapeuzinho enfeitado com flores de papel. Decidi utilizá-lo no meu treinamento de composição que, naquele período, atravessava um momento de estagnação. Assim que o vesti, tive a sensação de que era o chapeuzinho que dançava com as minhas pernas. O trabalho mudou graças às novas imagens que surgiram na minha mente e, aos poucos, uma dança tomou forma.

Durante a mesma turnê pelo Japão, ouvi pela primeira vez os tambores japoneses, os *taiko*, e usei algumas gravações para uma parte do meu treinamento. Ao som dessa percussão, eu dirigia o olhar ritmicamente em diversas direções no espaço e me movia com caminhares e movimentos que tinham uma dinâmica que não pertencia às minhas raízes culturais nem ao treinamento que havia feito até aquele momento. A música gerava em mim um novo comportamento cênico e, como o chapeuzinho, fazia com que eu descobrisse novas "veias auríferas" no meu treinamento.

11. Diálogo com o Cansaço

Estou convencida de que em cada um de nós existe um poço de energia que acessamos apenas raramente, em circunstâncias extremas. O confronto voluntário com situações que nos provoquem superar o cansaço permite-nos conhecer o caminho em direção àquele poço de onde tiramos as energias necessárias para preencher nossa presença cênica.

<small>A superação dos próprios limites</small>

Durante as primeiras duas estações, faziam parte do meu treinamento: os exercícios acrobáticos, os "suíços", físicos e plásticos, o trabalho com os princípios da composição, da introversão e extroversão e do *slow motion*, além das danças com bastões e tochas. Em cada um deles me concentrava por ao menos vinte, trinta minutos; esse tempo prolongado me permitia encontrar, cotidianamente, uma companhia muito fiel: o cansaço. Eu me cansava, sentia haver atingido o meu limite e era tentada a ceder ao desejo de parar. Nesse ponto me perguntava: o que existe para além do cansaço, para além dos meus limites imediatos? O que acontece se continuo por mais três minutos?

A presença de Eugenio na sala, com seu olhar e seus comentários, e a dos outros companheiros, com seu exemplo, me ajudaram por anos a explorar essa possibilidade. Continuando a trabalhar, superava o momento de impasse e ampliava meus limites. Com o tempo e a experiência, compreendi que o treinamento físico é, na verdade, um treinamento mental. Os esportistas, como os que praticam *jogging*, sabem disso muito bem.

Em uma bela manhã, por exemplo, com um par de tênis novos e cheios de boas intenções, começamos a correr. Depois de mais ou menos quinze minutos, sentimos que o corpo fica pesado e dolorido. Mas se estamos com uma pessoa que faz *jogging* há muito tempo, continuamos a correr. De repente, após alguns minutos, sentimos nosso corpo se tornar mais leve. O que aconteceu? Nosso cérebro começou a produzir endorfinas, substâncias químicas que ajudam o corpo a superar desafios fora do comum. (Era isso que acontecia comigo quando corria com Jens durante minhas primeiras manhãs no Odin Teatret, em abril de 1974).

É possível dançar por horas, no carnaval, em um casamento ou em uma festa típica e, no final, sentir-se exausto mas não estar cansado. Na verdade, se de repente começa um trecho de nossa música preferida, não podemos resistir à tentação de começar a dançar de novo.

Por outro lado, é também possível assistir a uma conferência e, em quinze minutos, sentir-se terrivelmente cansado e chegar mesmo a dormir.

<small>Manter a mente ocupada</small> O que se cansa primeiro? O corpo ou a mente? No que me diz respeito, sei que é a mente. O aborrecimento gerado pela execução mecânica dos exercícios ou das sequências fixas de ações cansa e provoca a tentação de desistir. Por isso, quando treino, devo ter a mente ocupada, pensando nos seguintes elementos:

- espaço (em que direções desejo me mover e seguindo que linhas: retas, curvas, ziguezagues);
- energia (com que intensidade executar as ações);
- velocidade (com que tempos e ritmos);
- dimensões (qual tamanho dar às ações).

Desse modo, crio um contexto que permite à minha mente começar a projetar imagens sobre o muro cinza do aborrecimento e dar às ações que estou executando outros significados aos quais reagir.

Além de manter viva a minha atenção, o fluxo dessas imagens é essencial para dar ao trabalho, com diversos princípios ou sequências de exercícios, uma dinâmica repleta de gradações e variações. É esse gênero de imagens que usarei depois na criação das improvisações e na interpretação da partitura.

Ultrapassar o estado de cansaço é o resultado de uma força de vontade que, por um lado, acostuma-nos a não nos render à primeira dificuldade e a superarmos os limites imediatos; por outro, testemunha a autenticidade da motivação do ator.

Com frequência tenho dado aos meus alunos o exemplo dos grandes pianistas, que têm de se exercitar por longuíssimos períodos antes de se sentirem livres para interpretar trechos musicais famosos. O trabalho cotidiano com escalas e solfejos, além de ter a função de desenvolver a técnica e habilidade motora dos pianistas (ler uma nota significa pressionar a tecla precisa por um tempo determinado e com uma intensidade estabelecida), coloca também à prova sua motivação.

Como dizia Eugenio em Aix en Provence: "Voa quem quer".

Nosso treinamento não está voltado para a especialização. Posso aprender danças japonesas sem com isso me tornar uma dançarina de Nihon Buyo. Posso tocar violoncelo em um espetáculo sem ser violoncelista. Mas certamente não quero dizer que tendo apenas dominado quatro exercícios de acrobacia, por exemplo, seja o caso de passar para outra coisa.

Ao retornar a um velho princípio, depois de um período de pausa, com frequência descubro que a experiência adquirida trabalhando com outro princípio o ilumina com uma nova luz.

A meu ver, uma das funções essenciais do treinamento é a de não nos permitir perder a capacidade de aprender.

12. A Segmentação

O princípio da segmentação marcou uma mudança de direção no meu treinamento.

Com a repetição cotidiana, nosso corpo aprende tão bem a trabalhar com um princípio, que corre o risco de utilizar aquilo que chamo de "piloto automático". A mente pensa em outra coisa enquanto o corpo repete, pela enésima vez, uma determinada sequência de ações. Essa cisão entre mente e corpo, ao invés de aliviar, provoca cansaço. Se isso ocorre por muitos dias seguidos, significa que chegou o momento de introduzir objetos ao treinamento ou de explorar novos princípios. <small>Romper com os automatismos</small>

No início dos anos de 1980, entrei na segunda estação do meu treinamento. Por oito anos, havia me empenhado em encher o espaço de energia. Com o tempo, meu trabalho com alguns princípios havia se tornado automático: meu corpo o fazia sozinho. Era como se fosse transportado à deriva da mesma corrente que havia longamente lutado para conquistar. Agora havia chegado o momento de romper com os clichês que eu mesma havia criado dentro do meu trabalho durante anos de treinamentos e espetáculos. E no terreno mesmo do treinamento, eu tinha a possibilidade de buscar novos modos de obrigar a minha mente a dançar com o meu corpo, e vice-versa.

Devia encontrar uma maneira de me obrigar a não me mover involuntariamente. Decidi sentar numa cadeira e explorar as oportunidades que surgiam dessa nova situação no meu treinamento cotidiano. Surgiu um mar de possibilidades.

O princípio da segmentação: "Movo apenas uma articulação por vez, deixando o resto do corpo imóvel".

Trabalhava movendo uma articulação por vez, controlando cada pequeno detalhe até decidir se focalizava o olhar a cinco, a dez ou cem metros à minha frente.

Dei a mim mesma a regra de mover somente uma parte do corpo por vez – os olhos, a cabeça, os braços, o torso –, mantendo o resto do corpo completamente imóvel. Decidi que também os olhos eram uma articulação. Chamei esse princípio de "segmentação".

Posso começar a mover os olhos para a esquerda, depois girar a cabeça na mesma direção. Posso então girá-la para a direita, mantendo o olhar para a esquerda, e em seguida voltá-lo para a direita; ou posso mover os olhos e a cabeça ao mesmo tempo, mas apenas se decido com antecedência.

A dificuldade está em manter o resto do corpo imóvel.

Nada deve acontecer de forma automática ou involuntária.

Nosso corpo, que não está habituado a mover uma articulação por vez, tem a tendência de movimentar mais partes ao mesmo tempo, por isso, quando trabalho com esse princípio, devo cumprir conscientemente a ação de ter o corpo imóvel e mover apenas a articulação escolhida.

Posso, por exemplo, levantar o braço, começando pelo ombro; flexionar o cotovelo aproximando a mão do peito; flexionar o pulso para cima; flexionar três dedos para baixo; levantar o braço começando pelo ombro até chegar a tocar, com o dedo indicador, os meus lábios.

Não executo uma sequência fixada previamente. Devo estabelecer no momento presente *qual* articulação mover e *como* fazê-lo. Nessa improvisação contínua, decido conscientemente o fraseado de cada movimento, ou seja, escolho como modular minha energia. É importante variar a velocidade com que as mudanças são realizadas. Um dos desafios desse princípio é exatamente evitar o ritmo *staccato* que tende a se manifestar ao movimentarmos uma articulação por vez, produzindo o efeito indesejado de um corpo-marionete.

Se, como já mencionei, um princípio é uma moldura de regras que limita minha liberdade, me obrigando a trabalhar em profundidade, então o princípio da segmentação é a moldura mais restrita dentro da qual já havia trabalhado.

Em alguns momentos me encontrava em posições totalmente desconhecidas, em outros podia chegar a uma posição cotidiana, mas através de um percurso incomum. Todos os gestos e as posições finais estavam no limite entre o cotidiano e o abstrato.

Mover uma articulação por vez em uma improvisação contínua podia resultar em ações pertencentes à vida cotidiana, como, por exemplo, pentear os cabelos: partindo do ombro, ergo o braço em direção à cabeça; fecho os dedos, falange após falange; começando do cotovelo, abaixo a mão até tocar minha cabeça; partindo do ombro, deslizo "o pente" entre os cabelos.

Para poder continuar meu treinamento também nas turnês, eu precisava de uma cadeira dobrável. Comprei uma cadeira de sol.

Após três anos de trabalho com a segmentação, algumas imagens começaram a se concretizar na minha mente, e um panorama tomou forma diante dos meus olhos. As imagens mentais

Uma das primeiras imagens que me visitaram foi a de uma praia. Que praia? Quem sou eu? O que faço aqui?

Naquele período, usava músicas de Erik Satie para acompanhar meu treinamento. Elas me davam a sensação do passar do tempo, do qual me esquecia, totalmente presa ao trabalho. A primeira praia a se concretizar na minha mente foi a do Lido de Veneza no início do século XX. Meus movimentos são lentos e calculados; talvez eu seja uma dama da alta burguesia. Se estou sozinha na praia, não é verão. Se estou aqui fora de estação, é porque estou doente. Pensei em James Joyce, que por muito tempo vivera em Trieste. Sua filha, Lucia, era esquizofrênica. Isso: estou mentalmente doente. Durante o treinamento sempre tive os cabelos presos em uma trança. No início do século XX, as mulheres usavam os cabelos presos em penteados leves. Eu, ao contrário, decidi que uma mulher mentalmente doente devia manter os cabelos soltos, como na tradição japonesa do teatro Nō. Por isso, a partir daquele momento, durante o treinamento de segmentação, passei a deixar os meus cabelos soltos e a explorar suas possibilidades, como havia feito com cada outra parte do corpo. Tinham uma vida característica que seguia a força da gravidade. Podia fazê-los deslizar de diversos modos ao longo do encosto da cadeira inclinando-me lentamente para frente. Avançando ainda mais podia fazê-los cair até o chão. Se movesse rapidamente um leque em frente ao rosto, meus cabelos se despenteavam voando para o alto.

A imagem que lentamente se concretizava era a de uma jovem mulher doente que esperava em uma praia. A espera evocou em mim uma nova figura: Penélope.

Essas imagens surgiram espontaneamente na situação do treinamento.

Naquele período, estava lendo *Ulisses*, de James Joyce, no qual, no último capítulo, Molly Bloom espera, como Penélope, seu Ulisses. Decorei seu monólogo para ter um texto com o qual acompanhar as minhas ações e dar, assim, corpo ao "fantasma" dessa personagem que estava tomando forma.

O princípio da segmentação em si não é absolutamente uma garantia para se chegar a uma qualidade específica de presença. O risco de ser "mecânico", "sem vida", existe também aqui, como no trabalho com qualquer outro princípio. No meu caso, porém, as sequências de ações que começaram a aparecer geraram, com o tempo, uma qualidade de presença específica no trabalho com a cadeira. Do comportamento físico brotou um mundo no qual comecei a agir.

Quando assisti a *Apocalypse Now*, as imagens da chuva de napalm, que no início do filme incendeia a selva vietnamita ao som da canção do The Doors, *The End*, teve um forte impacto sobre mim. Daquele momento em diante, o panorama mental que me cercava no trabalho de segmentação mudou. Não era mais apenas uma praia onde os caranguejos aproximavam-se dos meus pés e eu reagia levantando as pernas, ou onde se erguia na areia em frente a mim a sombra do homem a quem estava esperando e que, surgindo atrás de mim, fazia-me levantar, hesitante. Agora, no horizonte, via também a selva em chamas. Comecei a responder conscientemente com o olhar a essas imagens. Os meus olhos, que até esse momento eu focalizava em uma zona relativamente próxima, passaram a olhar para o horizonte com uma nova intensidade. Meu panorama se ampliou e se aprofundou.

Não comecei a usar as imagens da selva em chamas por querer criar um efeito específico com o olhar, mas porque havia visto um filme que me impressionara profundamente. Ao mesmo tempo, tinha consciência de que esse tipo de trabalho tornava meu olhar mais vivo.

Existe sempre um equilíbrio sutil entre aquilo que se escolhe fazer de propósito e aquilo que surge da casualidade.

Com o tempo, essa personagem sentada na cadeira de sol ganhou o nome de Dama Branca.

Após anos de trabalho com o princípio da segmentação, descobri que podia usá-lo para criar um tipo de "primeiro plano" teatral.

O "primeiro plano" teatral

Quando se filma uma película, se o diretor quer que a um certo ponto os espectadores vejam a mão de um ator, pede ao câmera que faça um primeiro plano. Assim, em dado momento, o público se encontrará diante de uma mão de dez metros por cinco: impossível ignorá-la.

Como criar um primeiro plano na situação teatral em que o espectador pode dirigir o próprio olhar para onde desejar? O diretor pode direcionar a atenção do público usando um refletor para iluminar a mão do ator e deixando o resto da cena na escuridão, contudo podem existir outras possibilidades.

Por instinto, o olhar do espectador pousa sobre os olhos do ator. Claro, ele vê todo o entorno, o resto do corpo, assim como boa parte da cena, mas, instintivamente, busca sempre os olhos do ator. Portanto, se desejo que os espectadores concentrem sua atenção sobre minha mão, devo: baixar o olhar, manter o resto do corpo completamente imóvel, deixar que apenas minha mão se mova.

O princípio da segmentação revelou-se particularmente útil nos espetáculos em que estou sozinha em cena e nos quais, comparados

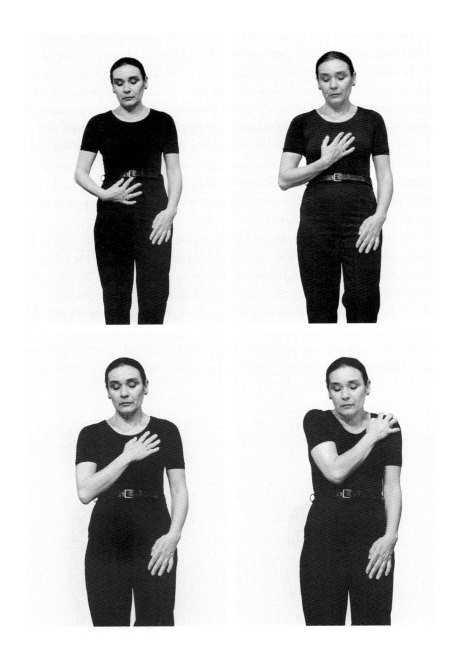

Esta página e a anterior: No "primeiro plano" teatral o olhar se baixa, o corpo é imóvel, apenas a mão se move.

aos espetáculos de grupo, o espectador tem menos possibilidade de escolher para onde dirigir seu olhar.

A cena inicial de *Judith* foi construída trabalhando com esse princípio. Nela faço a atenção do espectador dançar em um espaço limitado: sentada em uma cadeira de sol, começo a mover apenas uma parte do corpo por vez, deixando que o texto assuma o primeiro plano. Se o texto é muito importante, as ações devem ser contidas para não distraírem o espectador do significado das palavras. Isso vale com frequência também quando as ações sublinham ou comentam o texto. Porém, sobre a influência do princípio da segmentação sobre a criação de *Judith* voltarei a falar mais adiante.

13. Ser Decidido

No decorrer dos anos, graças ao treinamento, a distância entre o pensamento e a ação diminui cada vez mais, até pensamento e ação chegarem a se identificar. É então que o ator se torna "decidido".

Ser decidido é um dom essencial que, em cena, permite-nos reagir de modo pertinente também na presença de imprevistos. Um objeto cai, um ator tropeça e perde o equilíbrio. Nesses casos, Eugenio nos ensinou que é necessário rapidamente recolher e fazer cair o objeto de novo, não uma, mas duas vezes; levantar-se e voltar a cair, não uma, mas duas vezes. Assim o espectador não se dará conta de ter se tratado de um acidente, mas pensará que a ação era intencional.

Estruturar o imprevisto

Existe uma grande diferença entre pensar uma ação e depois executá-la ou, ao contrário, ser uno na ação.

Uma ação, em efeito, é diferente de um movimento. Um movimento não tem a intenção de modificar fisicamente alguma coisa no espaço. Uma ação quer sempre produzir uma mudança. Desloco meu caderno: essa é uma ação. Quero mudar a posição do meu caderno, ou seja, tenho uma intenção precisa. Se, ao invés do caderno, se tratasse de uma mala pesada, então minha *in-tensão* seria diferente, pois meu corpo se prepararia para levantar um peso maior.

Cada ação é, na verdade, uma reação: a um pensamento, a uma necessidade, a um som ou a uma ação de outra pessoa. A reação tem sempre

As in-tensões

uma *in-tensão* precisa que influencia diretamente o tônus dos músculos do corpo. Mas, antes de tudo, os olhos.

Lembro perfeitamente como bastava apenas um olhar da minha mãe para deter a minha mão que se esticava em direção à travessa de bolinhos preparada para os convidados que estavam para chegar. Seu olhar, reagindo à minha intenção, tornava-se ação.

Em italiano, como em português, a palavra "intenção" alude a uma tensão interna. Eu a vejo como uma tensão na minha "serpente". Meus olhos são sua cabeça. A escolha de dirigir o olhar a um determinado ponto influencia a atitude de toda minha coluna vertebral.

Com frequência, quando o público se aborrece, é porque prevê aquilo que acontecerá: o espectador reconhece a intenção do ator antes que ele execute a ação. Isso ocorre quando o ator, lembrando da ação que deve fazer, prepara-se mentalmente para cumpri-la um instante antes de realizá-lo.

No nosso ofício, o treinamento ajuda a nos acostumar a estar presentes no momento e, através da alteração de *sats*, sermos imprevisíveis.

O treino nos habitua também a mudar o significado de uma ação alterando a *in-tensão*. Uma mão levantada para fazer um carinho pode transformar-se em uma mão levantada para dar uma bofetada.

Quando trabalho em uma cena, não penso tanto em categorias de lento e veloz, mas por imagens.

Se no decorrer de uma cena devo me abaixar para recolher um caderno do chão, meus olhos não se fixam imediatamente sobre o objeto mas, por exemplo, olharei para minha direita e minha esquerda antes de me curvar. Meu objetivo é não antecipar a ação, porém devo também saber justificar aquilo que faço dando à ação uma razão lógica: olho em volta para ter certeza de que ninguém me veja, ou talvez perguntar a mim mesma por que outra pessoa não recolhe o caderno, ou talvez para verificar se existem outros objetos no chão que devem ser recolhidos. Apenas no último momento voltarei meu olhar para o caderno e me curvarei. Nesse ponto, poderei escolher utilizar a *in-tensão* de recolhê-lo como se fosse uma pluma. Assim, para levantar o caderno, pegarei a capa com dois dedos.

O importante para mim é não executar a ação mecanicamente, seguindo o trajeto mais breve, como faria na minha vida cotidiana, mas, através do seu fraseado, evocar imagens que mudem minhas *in-tensões* e façam surgir associações na mente do espectador, oferecendo a ele diversos níveis de interpretação.

O ator deve saber dirigir a atenção do espectador para manter vivo seu interesse.

Poderia definir o trabalho do ator como uma "dança das intenções".

14. O Pensamento em Ação

Assim que cheguei a Carpignano, comecei a ter aulas de violão. Um ano depois escolhi estudar o violino. Para *Vem! E o Dia Será Nosso*, no entanto, foi pedido que eu tocasse o banjo de cinco cordas, assim abandonei o violino e me aproximei desse instrumento. Quatro anos depois, decidi começar a estudar o violoncelo e, ao mesmo tempo, fui convidada a aprender a tocar bateria. O violoncelo se tornou parte da orquestra de câmara de *Cinzas de Brecht*[1] e a bateria entrou na orquestra de *O Milhão*[2]. O aprendizado musical

Durante os primeiros dez anos no Odin Teatret, tocar um instrumento era parte do meu treinamento cotidiano. Essa forma de treinamento tinha muitas semelhanças com meu treinamento físico. Nesse caso, através do desenvolvimento das minhas capacidades motoras, devia aprender a transformar minhas intenções em sons. E me acostumar também à escuta.

Após meses de exercícios, eu podia começar a interpretar uma partitura musical concentrando-me em seus fraseados e a executando com

---

1 *Brechts Aske* (Cinzas de Brecht). Primeira versão: 1980-1982. Segunda versão: 1982-1984. Dedicado a Jens Bjørneboe. Atores: Torben Bjelke (apenas na primeira versão), Roberta Carreri, Toni Cots, Tage Larsen, Francis Pardeilhan, Iben Nagel Rasmussen, Silvia Ricciardelli, Ulrik Skeel, Julia Varley, Torgeir Wethal. Texto e direção: Eugenio Barba.
2 *Millionen* (O Milhão), 1978-1984. Dedicado a Marco Polo. Atores: Torben Bjelke, Roberta Carreri, Toni Cots, Tage Larsen, Else Marie Laukvik, Francis Pardeilhan, Iben Nagel Rasmussen, Silvia Ricciardelli, Gustavo Riondet, Ulrik Skeel, Julia Varley, Torgeir Wethal (alguns desses atores participaram apenas de uma das diversas versões realizadas até 1984). Direção: Eugenio Barba.

uma certa fluência. Porém, tocar com outras pessoas requeria dividir um mesmo senso de ritmo.

Para manter o ritmo é preciso estar presente no instante e, para tanto, aprender a tocar bateria foi para mim um ótimo treino. A batida (o *beat*) é aqui e agora, se a pensamos antes de executá-la, o resultado será um perfeito *after beat*. No caso da bateria, em que todos os membros estão envolvidos, tocar é escutar com os ouvidos e reagir com o resto do corpo.

O flamenco

Em dezembro de 1995 começamos o último ano de apresentações de *Kaosmos*[3]. A fim de me preparar para a criação do novo espetáculo, do qual Eugenio já nos havia dado um primeiro esboço, senti a necessidade de "lavar-me" da forma de presença da minha personagem em *Kaosmos*. Para isso, decidi aprender uma nova dança: o flamenco. Fascinava-me que o corpo da bailarina de flamenco pudesse transformar-se num instrumento musical capaz de dar vida a ritmos complexos. Os pés percutem o chão ou apenas o tocam; os joelhos fazem voar saias volumosas; os braços circulando com graça e força, enquanto as mãos marcam o ritmo e selam a energia da parte superior do corpo com acentos precisos.

Durante as primeiras lições, percebi que no corpo da bailarina de flamenco existem duas tensões opostas: a parte inferior do corpo é atraída para baixo, para a terra, enquanto a superior tende ao alto, ao céu. Nisso pude reconhecer as *in-tensões* de base do Nihon Buyo que Katsuko Azuma[4] havia me ensinado. Além disso, em ambas as danças os ombros são mantidos baixos enquanto a nuca alonga-se, expondo-se. Mas, ao contrário das costas retas da dançarina de Nihon Buyo, as da bailarina de flamenco são "empinadas".

Essa arquitetura de *in-tensões* cria uma presença cênica formalizada. Aprender o flamenco me obrigou, mais uma vez, a estar presente no instante com todo meu corpo. Cada uma das minhas hesitações era revelada por uma imprecisão no ritmo.

Durante os ensaios de *Mythos*[5], Eugenio tentou algumas vezes inserir danças e passos de flamenco, mas sem sucesso: o espetáculo os rejeitava

---

3 *Kaosmos*, 1993-1996. Atores: Kai Bredholt, Roberta Carreri, Jan Ferslev, Tina Nielsen, Iben Nagel Rasmussen, Isabel Ubeda, Julia Varley, Torgeir Wethal, Frans Winther. Dramaturgia e direção: Eugenio Barba.

4 Mestra da dança clássica japonesa Nihon Buyo, foi uma das fundadoras, em 1979, da Ista e participou das primeiras cinco sessões, realizadas entre 1980 e 1987. Katsuko Azuma faleceu em 1995.

5 *Mythos: Ritual para o Século Breve*, 1998-presente. Dedicado a Atahualpa del Cioppo. Atores: Kai Bredholt, Roberta Carreri, Jan Ferslev, Tage Larsen, Iben Nagel Rasmussen,

como corpos estranhos. Apesar disso, Cassandra, minha personagem de *Mythos*, na sua posição de base, mantém as costas "empinadas" e seu porte tem uma qualidade de "cavalo batendo os cascos no chão" que derivam da minha experiência com o flamenco.

Para prosseguir em minha narrativa, preciso agora voltar mais uma vez no tempo.

Quando entrei para o Odin Teatret, em 1974, os atores treinavam com um bastão de madeira de um metro e oitenta, com quatro centímetros de diâmetro. Chamavam esse bastão de *bushman*. Também eu comecei a trabalhar com ele. Eugenio nos pedia que criássemos exercícios que tivessem um início, um desenvolvimento e um fim precisos. A regra era agarrar o bastão sempre ao centro ou em uma das extremidades. Quando o lançávamos e tínhamos que agarrá-lo no ar por uma das extremidades, ele tinha a tendência de se inclinar em direção ao solo. Era preciso, portanto, um esforço físico exato para mantê-lo paralelo ao chão. Para os outros atores isso era relativamente simples, mas para mim, que vinha dos bancos da universidade, era muito difícil.

O trabalho com o *bushman* fazia parte do treinamento coletivo.

No Odin Teatret nunca existiu uma diferença entre o treinamento masculino e o feminino. Nos primeiros anos, todos trabalhávamos sobre os mesmos princípios. Depois, com o tempo, o treinamento dos atores se individualizou.

Quando entrei para o grupo, cada ator havia escolhido como decorar o próprio *bushman*, como pintá-lo ou enfeitá-lo com fitas coloridas. Do treinamento com esse objeto nasceu, em seguida, em Carpignano, *O Livro das Danças*.

Após cerca de três anos de treinamento e de improvisações com o *bushman* e as tochas, foi permitido que eu utilizasse uma bengala para passeio.

O fato de começar com um bastão grande e depois passar para um menor poderia parecer estranho. Pareceria mais lógico o processo inverso. Contudo, um bastão menor, sendo mais leve, não opunha nenhuma resistência, coisa que eu precisava. O confronto com uma resistência precisa ajudava a encontrar mais facilmente minha força.

Isabel Ubeda, Julia Varley, Torgeir Wethal, Frans Winther. Dramaturgia e direção: Eugenio Barba.

Comecei repetindo os exercícios que fazia com o *bushman*, imaginando que a bengala fosse igualmente pesada. Então abandonei os exercícios e comecei a improvisar livremente. Por causa das dimensões mais reduzidas, a dinâmica que se estabelecia entre a bengala e meu corpo era diferente da que existia com o *bushman*, e evocava imagens que podia reconhecer como, por exemplo, uma espada, um arco, uma flecha, um pássaro...

É muito importante entender que essas imagens surgiam gradualmente do empenho físico, através de um processo que posso definir como "pensamento em ação". Ou seja, não pensava nas imagens primeiro para depois recriá-las com o corpo. Ao contrário, a minha mente reconhecia as imagens criadas, em movimento, pelo casamento corpo-bengala. Quando isso ocorria, dava um nome às imagens e o escrevia no meu diário de trabalho: guerreiro, espada, sombrinha, remo, vara de pescar, taco de golfe, apontar e atirar a flecha, pássaro ferido, queda no lago...

> O pensamento em ação

Após ter colhido um certo número de imagens, podia montá-las em uma sucessão de cenas.

Por exemplo:

— Um *guerreiro* está no bosque.

— Ouve um ruído e desembainha sua *espada*. "Quem está aí?"

— Ah, é apenas uma dama que caminha ao longo da margem do rio com sua *sombrinha*.

— No meio do rio, um velho *rema* seu barco.

— Saiu para pescar com sua *vara*.

— Quando o peixe morde, *retira-o da água*,

— e vê na outra margem do rio as pessoas que *jogam golfe*.

— Um menino, *seguindo a bolinha branca* que voa no ar,

— *vê* um pato,

— faz a mira,

— *aponta, atira uma flecha* e o atinge.

— O *pato ferido*

— *cai* no rio.

Para unir essas imagens umas às outras não segui uma lógica linear, mas uma lógica evocativa que procede por saltos. Esse tipo de lógica, que desenvolvi no treinamento, também usei depois nas improvisações para os espetáculos.

Um guerreiro está no bosque.

Ouve um ruído e desembainha sua espada. "Quem está aí?"

Ah, é apenas uma dama que caminha ao longo da margem do rio com sua sombrinha.

No meio do rio, um velho rema seu barco.

Saiu para pescar com sua vara. Quando o peixe morde, retira-o da água...

... e vê na outra margem do rio as pessoas que jogam golfe.

Um menino, seguindo a bolinha branca que voa no ar, vê um pato, faz a mira...

... aponta, atira uma flecha e o atinge.

O pato ferido…

… cai no rio.

15. Improvisações

Improvisar faz parte tanto do treinamento quanto do processo de criação do espetáculo.

Três tipos de improvisação

Conheço três tipos diferentes de improvisação:

1. A improvisação *com elementos fixos*: dada uma série de exercícios ou uma sequência de ações, improviso a dinâmica de execução e a ordem das partes. Desse modo, o ator se acostuma a interpretar suas próprias partituras físicas, ou seja, a reagir usando sequências fixas de ações.

2. A improvisação *dentro de um princípio*: posso fazer qualquer coisa, contanto que respeite a moldura de regras. Aqui o espaço para improvisação é ainda maior, pois não se começa aprendendo uma forma fixa, mas improvisando dentro do princípio para descobrir suas diferentes possibilidades.

Através da repetição cotidiana, chega-se a sedimentar e fixar uma sequência de ações a partir da qual pode-se recomeçar a improvisar com diversas dinâmicas.

3. A improvisação *a partir de um tema*: para criar material para os espetáculos, sigo um fluxo de associações que surgem de um tema, geralmente sugerido por Eugenio. Esse tipo de improvisação pede uma explicação mais ampla e, acima de tudo, voltar outra vez no tempo.

Nunca havia feito teatro antes de chegar ao Odin Teatret.

A primeira improvisação

Quando vim a Holstebro, em abril de 1974, assim que atravessei a porta do teatro, Iben me levou ao seu camarim e me fez vestir uma túnica de algodão cru de cor ferrugem. Na sala branca, onde Eugenio e os outros atores nos esperavam, as luzes estavam baixas. Sentei-me, como os outros, em um banco. Eugenio começou a falar em norueguês, uma língua que eu não entendia. Sussurrou alguma coisa a Iben, que foi ao centro da sala. Decifrei aquilo que começou a fazer como uma *improvisação*. Nunca havia visto, na minha vida, alguém improvisar. Depois dela, seguiram, um por vez, todos os outros atores.

A um certo ponto, Eugenio virou para mim e disse: "Você está no jardim do Rei. Tem medo, mas alguém estende a mão para você e se faz luz". Medo eu tinha, e como. Levantei-me e entrei no espaço vazio. Fechei os olhos e comecei a me mover lentamente. Lembro perfeitamente da sensação do chão de madeira sob meus pés nus: era a única coisa à qual podia me agarrar. As imagens que o tema havia evocado em mim evaporaram rapidamente, mas continuava mesmo assim a me mover no espaço. Temia que, se eu parasse rápido demais de improvisar, Eugenio pensaria que eu não era boa o suficiente. Quando reabri os olhos, meu olhar encontrou a luz tênue de uma lâmpada.

Ainda hoje lembro o início daquela primeira improvisação. A partir do tema dado a mim por Eugenio, decidi mentalmente uma sequência de imagens que depois reproduzi fisicamente: passeio no jardim do Rei, vejo uma flor, a colho, coloco atrás da orelha, começa a chover...

Se quisesse fazer a mesma improvisação alguns anos depois, com a bagagem de experiência que havia adquirido, teria como guia não apenas a lógica descritiva, mas também a lógica que acontece através de associações e me permite *re-agir* continuamente às ações que executo.

Poderia seguir este diálogo interior: "A ninguém é permitido entrar no jardim do Rei... Não deveria estar aqui... Devo ficar atenta para não fazer barulho, para não ser surpreendida... Quando vejo uma bela flor e quero colhê-la, devo ter certeza de que ninguém me veja... E quando a aproximo do rosto para sentir o perfume... centenas de pequenos guerreiros saltam da flor e me golpeiam com suas espadas... Começam a saltar também de todas as outras flores! E me machucam. Mas começa a chover, e cada gota de chuva é um pequeno anjo que, com suas grandes asas, aniquila os pequenos guerreiros... E assim a chuva me salva..."

A ninguém é permitido entrar no jardim do Rei... Não deveria estar aqui... Devo ficar atenta para não fazer barulho, para não ser surpreendida... Quando vejo uma bela flor e quero colhê-la, devo ter certeza de que ninguém me veja...

E quando a aproximo do rosto, para sentir o perfume... centenas de pequenos guerreiros saltam da flor e me golpeiam com suas espadas... Começam a saltar também de todas as outras flores! E me machucam.

Mas começa a chover, e cada gota de chuva é um pequeno anjo que, com suas grandes asas, aniquila os pequenos guerreiros... E assim a chuva me salva...

16. A Improvisação Individual

Contaram-me que no começo da história do Odin Teatret, Eugenio trabalhava com aquilo que chamava de "psicofísica". Era um treinamento para aprender a fazer improvisações físicas. Ainda que eu nunca tenha ouvido Eugenio falar em psicofísica, lembro que, durante os primeiros anos do meu aprendizado, ele me fazia regularmente criar improvisações sem ter como finalidade a construção de um espetáculo e que, portanto, não eram gravadas com a câmera de vídeo.

Essas improvisações não ocorriam cotidianamente, porque Eugenio dizia que existia o risco de secar o poço pessoal de onde jorravam os materiais para os espetáculos. Eugenio e os companheiros me davam conselhos para fazer improvisações: falavam, por exemplo, para seguir um filme interior. Essa era uma indicação evocativa, mas que pedia uma técnica mental que eu, na época, não possuía. Com o tempo, graças ao treinamento, aprendi a incorporar as imagens que surgiam na minha mente. No entanto, outras dificuldades também atrapalhavam minha capacidade de improvisar.

Lembro que uma vez, em 1975, durante a criação de *Vem! E o Dia Será Nosso*, Eugenio me deu um tema que me fez pensar em uma desilusão amorosa. Improvisei deixando-me levar pela emoção e explodi em lágrimas. Depois de uma pausa, Eugenio comentou que aquela improvisação não havia funcionado e me pediu para tentar novamente. Estava desesperada. Recomecei realizando dessa vez a ação de rasgar a pele de todo o meu corpo. Ao final da segunda improvisação, Eugenio disse: "Esta foi melhor".

Todo o meu trabalho de atriz nasce de uma experiência, real ou imaginária, que me pertence e é, por definição, pessoal, portanto, privada. Mas, na sala de ensaio, utilizamos o termo "privado" com uma conotação negativa, indicando, com essa palavra, uma forma de comportamento que pertence à vida cotidiana e não contém aquela formalização do comportamento cênico necessária para torná-la teatral.

O comportamento cênico formalizado

No caso da primeira improvisação, na qual existia apenas a recordação da minha dor para me inspirar, havia me deixado levar pela autocomiseração e isso me impedira de teatralizar aquilo que fazia. A escolha de me guiar pelas imagens de rasgar a pele do corpo me obrigou, ao contrário, a uma precisão que tornou minha ação real: traduzi a dor em uma ação física.

Com o passar dos anos, o "comportamento cênico formalizado" tornou-se, para nós atores do Odin Teatret, uma segunda natureza.

As improvisações para criação de espetáculos, com exceção apenas de algumas nascidas durante a criação de *A Casa do Pai* e de *O Evangelho de Oxyrhyncus*[1], são sempre individuais e partem de um tema. O tema que Eugenio nos dá não tem nunca relação direta com as cenas do espetáculo que estamos ensaiando. Tenho recebido temas como: "Nas minhas veias correm conhaque", ou então "Como um leopardo sobre as neves do Kilimanjaro".

Do diário de trabalho

Holstebro, outubro de 1981

Continua o trabalho em Cinzas de Brecht. *Eugenio diz: "Existe uma coisa que vocês sabem muito bem, e é que a sua expressão acontece 'apesar de vocês mesmos'. Se o tema que dou para uma improvisação não corresponde ao contexto no qual virá colocado, é para proteger nosso trabalho. Na vida não pensamos em expressar nada, exceto quando fingimos.*

Isto ocorre também comigo na criação do espetáculo: expresso alguma coisa apesar de mim mesmo. O fato de ser 'expressivo apesar de si mesmo' é um problema para o ator.

---

1   *Oxyrhyncus Evangeliet* (O Evangelho de Oxyrhyncus), 1985-1987. Atores: Roberta Carreri, Tage Larsen, Else Marie Laukvik, Francis Pardeilhan, Julia Varley, Torgeir Wethal. Dramaturgia e direção: Eugenio Barba.

Aquilo que chamamos "kraft training" (treino de força) é um modo de trabalhar sem representar. A forma de improvisação que usamos no treinamento é muito útil para improvisar no espetáculo.

Existem sempre coisas que destroem o seu treinamento: a boca se abre, os braços trabalham simetricamente, o trabalho com os olhos é ausente... Agora vocês se concentram muito no movimento. O verdadeiro treino não está no movimento, mas na imobilidade. As coisas mais importantes são as pausas. A partir de hoje, quinze minutos do seu treinamento devem fazer sentados.

São três as partes do corpo que decidem: olhos, mãos, pulsos. No treinamento, vocês os têm em linha reta, enquanto deveriam estar em ziguezague. O ator deve respirar com os pulsos e os joelhos. Na Comédie Française, quando os atores caminhavam, os braços deviam seguir o andamento das pernas, ao contrário daquilo que fazem naturalmente. As mãos não devem nunca descer abaixo da cintura. Quando apontavam, não deveriam nunca ter os braços mais baixos que a cabeça.

Agora quero fazer um experimento com vocês: façam o treino com os olhos vendados".

Fizemos.

"Os olhos constroem o espaço. Devem seguir as regras, por exemplo: no balé clássico a regra é que os olhos devem sempre seguir as mãos".

Iben: "Não aguento mais treinar com vocês. Eugenio vem para a sala para falar, não para escutar o ator. Eu me sinto como alguém que toca musica clássica em meio a gente que toca rock. É como fazer o treinamento em um mercado".

Eugenio: "Grotowski me contou como tudo aquilo que até hoje foi feito em segredo acontece agora em praça pública. Sei que devo fazer alguma coisa de concreto pelos meus atores. É o meu papel. Não confundam nostalgicamente a relação que tiveram comigo quando eram 'crianças' com a relação que tenho com vocês agora que são 'adultos'".

Entre 1964 e 1972, todos os atores ficavam presentes na sala de ensaio e tinham a tarefa de escrever aquilo que fazia a pessoa que improvisava, para ajudá-la a repetir a improvisação. Era um processo que exigia paciência, mas, no decorrer de três ou quatro horas, com a ajuda dos companheiros, o ator era capaz de memorizá-la.

A partir de 1972, as improvisações começaram a ser gravadas com uma câmera de vídeo e eram feitas apenas na presença de Eugenio e

Memorizar as improvisações

de quem fazia o registro, geralmente Torgeir. Quando entrei no grupo, esse procedimento já era habitual.

Após ter feito uma improvisação, eu a revia com Eugenio, que me indicava os fragmentos que deveria memorizar ou me pedia que a aprendesse por inteiro. Aprender uma improvisação de cinco minutos podia levar uma semana, porque o vídeo, à diferença da memória dos colegas, reproduzia fielmente cada detalhe. Quando era capaz de repeti-la, mostrava a Eugenio, que a assistia várias vezes e depois a elaborava; ele me pedia, por exemplo, para reduzir algumas ações ou para mudar a direção ou, talvez, criava uma nova sequência, montando uma série de fragmentos em uma ordem completamente diferente da original. O resultado lembrava um "pequeno Frankenstein", completamente inorgânico. Após alguns dias e muitas repetições, eu era capaz de tornar minhas ações vivas, restabelecendo em seu interior uma outra lógica que justificasse e encadeasse a nova montagem.

A interpretação da partitura física Nesse ponto, Eugenio podia escolher utilizar o resultado, inserindo-o diretamente em uma cena do espetáculo, ou envolver um outro ator. Nesse caso, pedia que criássemos um "diálogo" entre nossas improvisações, executando alternadamente uma ação por vez. Eugenio observava o trabalho muitas vezes, buscando pontos de contato. Modificava então algumas das nossas ações pedindo que mudássemos a velocidade, a direção e a dimensão, criando assim relações das quais fluíam outros significados. Lentamente, formava-se uma nova cena que, colocada no espetáculo no qual estávamos trabalhando, ganhava um sentido que nenhum de nós havia previsto.

Eugenio não tem uma ideia preconcebida daquilo que deve ser o resultado de uma improvisação. Ele mesmo tem a necessidade de ser surpreendido para escapar dos próprios automatismos do pensamento.

Consideremos uma hipótese: em um de nossos espetáculos existe uma cena em que um imperador maligno quer condenar à morte um jovem e nobre guerreiro. Por isso, convoca à sala do trono todos os chefes da Igreja e do exército. Se eu tivesse que interpretar o jovem guerreiro, Eugenio me pediria que utilizasse uma de minhas partituras físicas.

Poderia escolher usar a segunda versão da minha improvisação "No jardim do Rei".

Alguns fragmentos da improvisação "No Jardim do Rei" sendo usados em um novo contexto. No alto, um jovem e nobre guerreiro, condenado à morte pelo imperador, entra na sala do trono. Move-se lentamente para assegurar cada momento de vida que resta a ele. Abaixo, observa aqueles que estão para condená-lo enquanto inclina-se diante do imperador.

Nesse caso, a lentidão da caminhada, que originalmente usava para entrar prudentemente no jardim, na cena do espetáculo se justificaria porque um homem, consciente de ser mandado à morte, caminha lentamente para saborear cada momento de vida que lhe resta. Na improvisação olhava ao redor para ter certeza de que ninguém me visse colhendo a flor; no espetáculo usarei a mesma ação para olhar para todos aqueles que estão me condenando à morte. Eu me ajoelhava para colher uma flor, enquanto no espetáculo ajoelharei diante do imperador.

Cada ação é transposta diretamente da improvisação e devo mantê-la fiel, mas, ao mesmo tempo, devo mudar levemente a dinâmica original das minhas *in-tensões*, para fazê-las assumir um significado que seja lógico em relação ao novo contexto.

Por outro lado, devo estar atenta a não adaptar as minhas novas *in-tensões* ao contexto a ponto de torná-las meramente ilustrativas, fazendo com que percam sua complexidade, que as torna cheias de significado.

É preciso evitar tornar a ação óbvia, mas também evitar torná-la incompreensível. Na interpretação da partitura reside o espaço da improvisação do ator em cena.

O ator deve seduzir (do latim *seducere*, "conduzir a si") a mente do espectador até fazer com que atinja aquele momento de gratificação que vem de compreender o que está "realmente" acontecendo.

17. Compor uma Personagem

Até 1976, Eugenio sempre assistiu às sessões diárias de nosso treinamento. Depois, sua presença foi limitada às ocasiões em que um ator desejava mostrar algo que julgava importante ou precisava de um conselho.

Suas observações eram de grande importância para mim, ainda que com frequência não entendesse imediatamente como colocá-las em prática. Não porque falasse de um modo obscuro, mas porque, para compreender, meu corpo precisava de mais tempo do que a minha mente. Quando observava o treinamento, Eugenio dava muitas indicações de uma só vez. Tentando colocá-las logo em prática, acabava me confundindo. Precisava de meses para transformá-las em resultados visíveis.

Ao fim dos anos de 1970, porém, Eugenio voltou, por um período, a assistir cotidianamente nosso treinamento. Isso aconteceu quando começamos a pesquisa sobre a vida e obra de Bertolt Brecht que deu origem a dois espetáculos ao mesmo tempo: *O Milhão* e *Cinzas de Brecht*.

O Fiskedam

Naquela época, dedicávamos duas horas diárias do treinamento àquilo que chamamos de *Fiskedam*, que em dinamarquês significa "viveiro de peixes". Era ali que as pequenas ideias de cada ator encontravam o ambiente ideal para crescerem e onde Eugenio podia pescar aquelas que funcionavam.

Tínhamos a liberdade de trabalhar no que quiséssemos. Havia lugar também para as propostas mais malucas: andar de patins, de monociclo, colocar perucas verdes ou vermelhas, vestir-se de árabe e tirar fotografias.

Tocávamos trompete e saxofone, baixo elétrico, acordeom e bateria (todos instrumentos que aprendíamos a tocar na escola de música de Holstebro) para nos alternarmos em acompanhar com cantos e músicas o trabalho dos companheiros. Pela primeira vez em nossa história usávamos amplificação e cantávamos com microfone. A personagem de Polly Peachum, uma das três que eu havia recebido de Eugenio para *Cinzas de Brecht*, dançava com uma sombrinha. No *Fiskedam*, além das tradicionais roupas de treinamento, vestíamos os figurinos que propúnhamos para nossas personagens. Para Polly Peachum, tinha escolhido um vestido de seda dos anos de 1950 com uma saia muito ampla, que deixava minhas costas nuas. Cinco anos depois, Torgeir o usaria como figurino para seu falso messias em *O Evangelho de Oxyrhyncus*.

Refletindo hoje, acredito que foi exatamente a possibilidade de introduzir no treinamento roupas e objetos utilizados na vida cotidiana, como tesouras e novelos de lã, guarda-chuvas e patins, que criou um ambiente favorável ao nascimento e desenvolvimento de algumas personagens. Foi no *Fiskedam* que nasceram as personagens que Iben e Else Marie[1] criaram para *Cinzas de Brecht*: Kattrin e Mãe Coragem.

Minha proposta para Polly Peachum, ao contrário, não funcionou. Por isso, Eugenio decidiu trabalhar individualmente comigo sobre as personagens que me havia confiado: duas extraídas de obras de Bertolt Brecht (Polly Peachum da *Ópera dos Três Vinténs* e Yvette Pottier de *Mãe Coragem*) e uma da história de sua vida (Margarethe Steffin, sua secretária e amiga). Trabalhamos na construção das personagens, buscando como cada uma delas caminhava, como se sentava, falava, cantava...

A primeira indicação que Eugenio me deu foi que, para esse espetáculo, deveria usar sapatos de saltos altíssimos. Até aquele momento havia sempre trabalhado descalça, tanto no treinamento como nos espetáculos. A mudança de postura que me obrigariam os saltos altos me ajudaria provavelmente a evitar os automatismos de comportamento que havia desenvolvido em anos de trabalho com pés descalços.

Quando Eugenio me pediu que encontrasse uma forma de caminhar para Polly Peachum, pensei: "Polly Peachum é a filha mimada de um pai rico, uma garota que sabe o que quer e sabe como consegui-lo. Quer

---

Polly Peachum e Yvette Pottier

---

1 Else Marie Laukvik acabaria não participando do espetáculo *Cinzas de Brecht*.

Mac Navalha e casa-se com ele". Eu a imaginei segura de si e comecei a andar de modo muito extrovertido, com os joelhos afastados e o quadril projetado para frente.

Eugenio me pediu então que encontrasse o modo de caminhar de Yvette Pottier. Yvette Pottier é uma prostituta. Nunca vi uma prostituta caminhar de modo introvertido, com a cabeça e os ombros curvos. Deve mostrar aquilo que tem para oferecer, assim imaginei que ela também caminhasse de forma extrovertida, com os joelhos afastados e o quadril projetado para frente.

Naturalmente, não era possível haver duas personagens que caminhavam exatamente do mesmo modo.

Eugenio me pediu então que mostrasse o andar de Yvette Pottier e, após poucos passos, me mandou fazer o oposto. Comecei assim a caminhar com pernas e costas introvertidas, mantendo, porém, a cabeça e o olhar extrovertidos. Eugenio dificultou então ainda mais a composição, pedindo-me que não apoiasse nunca o calcanhar esquerdo no chão.

Havia partido da imagem de uma garota segura de si que caminha empinada e terminei por compor uma personagem desconfiada, com as costas curvas e claudicante. Existem muitas coisas não escritas nas obras teatrais: que Polly Peachum fosse manca não é mencionado, mas talvez ela fosse.

Depois Eugenio começou a trabalhar sobre a máscara facial de Polly e de Yvette. Em uma cena do espetáculo, me pediu que desse ao rosto de Polly a expressão de um lobo agressivo, em uma outra, um ar de superioridade zombeteira.

Assim nasceu nossa Polly Peachum.

O trabalho de composição da personagem inclui também a pesquisa do modo como se usa a voz. Polly Peachum e Yvette Pottier não falavam: cantavam. Margarethe Steffin, ao contrário, falava. Para ela, Eugenio havia escolhido, entre as propostas que eu havia feito, um tipo de cantilena típica do modo em que na escola eram recitados textos decorados: de boa aluna.

Depois do breve período de *Fiskedam*, o treinamento voltou ao habitual trabalho em "solidão coletiva". Também em turnê, de manhã, nos encontrávamos na sala onde à noite apresentaríamos o espetáculo. Dividíamos, assim, o mesmo espaço onde cada um trabalhava individualmente.

Contudo, a liberdade criativa que havia experimentado no *Fiskedam* não me abandonou mais.

O jardim secreto do ator

Com o tempo, passei a definir o treinamento como "o jardim secreto do ator", ou seja, o lugar onde pode cultivar seus sonhos e suas nostalgias profissionais, explorar tudo aquilo que para ele é importante e não acha espaço nos espetáculos de grupo.

Nos anos de 1980, Eugenio passou a assistir ao meu treinamento uma vez ao ano ou mesmo a cada dois anos. A ausência de seus comentários me permitiu amadurecer ideias e propostas de trabalho com objetos ou músicas que nasciam da minha necessidade e que requeriam tempo. Na terceira estação do meu treino, cultivava novas plantas no meu "jardim secreto".

Apresentamos a primeira versão de *Cinzas de Brecht* de 1980 a 1982.

Do meu casamento com Francis Pardeilhan nasceu nossa filha Alice, no dia 25 de agosto de 1981.

Dois exemplos de composições de personagens: na página ao lado, Yvette Pottier, completamente extrovertida; na próxima, Polly Peachum, parte superior do corpo extrovertida e parte inferior introvertida.

18. Pequena Digressão ao Privado

"Vocês são uma comunidade?" "Moram todos juntos no teatro?"

No decorrer dos anos escutei essas perguntas inúmeras vezes.

Não, o Odin Teatret não é uma comunidade. Nunca foi. Ainda que uma vez, no início dos anos de 1970, tenha existido um momento em que Eugenio acalentou a ideia de comprar uma grande fazenda onde pudessem viver tanto ele com sua família quanto todos os atores. A ideia não encontrou a aprovação da maioria e não teve consequências práticas. Judy, a esposa inglesa de Eugenio, que nos primeiros anos colaborava com a organização do teatro, após o nascimento dos dois filhos concentrou-se nas traduções para o inglês dos textos dos espetáculos, dos programas, dos artigos e dos livros de Eugenio.

Durante os primeiros anos, Eugenio havia proibido relações íntimas entre os componentes do grupo. Não sei quem foi o primeiro a infringir esse mandamento, mas à minha chegada, em 1974, Torgeir e Iben estavam se separando após alguns anos de convivência e dois anos de casamento. Em 1981, nasceu Rune Davide Ricciardelli, filho de Silvia e Torgeir. Em 1977, Tage e Julia casaram-se e em 1985 se separaram. Em 1978, Francis e eu nos casamos e em 1982 nos separamos. Em 1987, Francis deixou o grupo. Em 1981, Iben casou-se com César Brie[1], de quem se separou no

---

[1] César Brie, ator argentino ingresso no Odin Teatret em 1979, primeiro como membro do projeto pedagógico Farfa, dirigido por Iben Nagel Rasmussen, e depois participando

Foto de grupo após uma sessão de treinamento (1987): no alto, da esquerda, Tage Larsen, Torgeir Wethal, Karl Henrik Hauch Andersen (técnico), Christoph Falke (assistente de direção), Eugenio Barba, Richard Fowler, César Brie, Ulrik Skeel; embaixo, Else Marie Laukvik, Julia Varley, Roberta Carreri, Iben Nagel Rasmussen, Lena Bjerregaard (figurinista), Francis Pardeilhan.

final dos anos 80. Em 1989, nasceram Oskar e Victor, os filhos gêmeos de Tage e Anna Lica, com quem Tage vivia desde 1985 e com quem se casou em 1993. No mesmo ano, Jan Ferslev se casou com Patricia Alves, que se tornou, com o tempo, nossa diretora de turnê, e, em 2005, se separaram. Ulrik, durante seus primeiros anos no Odin Teatret, casou-se com uma moça de Holstebro com a qual teve um filho, Christian, e de quem se separou poucos anos depois. Em dezembro de 1987, pouco depois de decidir deixar de ser ator para entrar para a equipe administrativa, Ulrik casou-se com Rina Paglialunga, com quem acabara de ter um filho, Anders. Em 1994, nasceu Mariana. Christian Skeel faleceu em 1995. Rina trabalha, assim como Ulrik, na administração do Odin Teatret; estão casados até hoje.

Torgeir e eu nos casamos em 19 de novembro de 2009, após 27 anos de convivência. Torgeir faleceu no dia 27 de junho de 2010.

Else Marie nunca se casou.

Todas as outras relações não unidas pelo sacramento do matrimônio nem sequer vou mencionar!

dos espetáculos *Matrimônio com Deus*, *Talabot* e *Salas no Palácio do Imperador*. Deixou o Odin Teatret em 1988.

Em suma: não somos uma seita de mórmons e também não somos monges.

Em 1974, no retorno de Carpignano, Torgeir alugou uma grande casa em Sir (uma cidadezinha a seis quilômetros de Holstebro). Ali viveram muitos membros do Odin, como eu mesma. Em 1982, Francis e eu alugamos com Toni, Ulrik e Walter Ybema[2] uma outra casa em Sir. Nessas duas casas, alternaram-se diversas combinações de atores e colaboradores do Odin Teatret.

Nunca partimos da ideia de formar uma comunidade. Alguém alugava uma casa grande porque gostava assim, e então escolhia as pessoas com quem ia dividi-la, alternando-se em tarefas como fazer compras, cozinhar, limpar e cortar a grama.

Com os anos, aumentou a necessidade de privacidade e os casais passaram a viver por conta própria. Ou talvez isso tenha acontecido porque não havia mais espaço para todas as cerâmicas, pinturas e tecidos que alguns de nós comprávamos durante as turnês na América Latina?

Em um certo ponto da minha vida senti uma forte necessidade de ser mãe. Acho que ninguém teria sido capaz de me impedir, assim como ninguém pôde me impedir de entrar no Odin Teatret. Essas foram as duas escolhas capitais da minha vida, e poderia dizer que não fui eu quem as fiz, mas as escolhas me fizeram.

Quando soube da minha gravidez, Eugenio celebrou sorrindo, mas senti que não estava tranquilo. Ele havia dedicado anos para me tornar uma atriz do Odin Teatret e agora tinha medo que a maternidade me transformasse em uma dona de casa. Temia que, dando prioridade à minha vida privada, passasse a faltar com a lealdade em relação ao trabalho.

Fatos: trabalhei até o dia em que, ao sexto mês de gravidez, iniciaram as contrações, que me obrigaram a ficar sob observação em um leito de hospital, sem poder me levantar, até o nascimento de Alice. Uma vez que se apresentava como parto podálico, o nascimento aconteceu por cesariana com anestesia epidural. Um mês depois começamos, ao mesmo tempo, os ensaios de uma nova versão de *Cinzas de Brecht* e de *O Milhão* (ao qual eu devia inserir uma nova dança).

2   Assistente de direção de *Cinzas de Brecht*.

Francis e eu morávamos a dois quilômetros do teatro e não tínhamos carro. Levantávamos às quatro e meia da manhã: Alice deveria ser amamentada, era preciso trocar sua fralda, vesti-la, devíamos tomar banho, fazer o café da manhã e depois empurrar o carrinho até o teatro, onde devíamos instalar Alice no berço, perto de Grethe Pedersen (nossa secretária na época) ou de Sigrid Post, ainda hoje nossa contadora. Nós então nos apressávamos em colocar a roupa de treinamento e entrávamos na sala de ensaio, onde o trabalho começava às sete em ponto.

Nos primeiros meses, Alice era pequena demais para ir à *dagmamma*, assim, eram as secretárias e os assistentes de direção que se alternavam em tomar conta dela enquanto eu trabalhava. O fato de eu ter que amamentá-la comportava uma pausa de meia hora a cada três horas. Isso interrompia o fluxo criativo de Eugenio, que estava acostumado a trabalhar conosco por horas e horas seguidas. Terminávamos sempre por volta das cinco ou seis da tarde. Então tínhamos que correr para fazer compras e ir para casa cozinhar, dar banho em Alice, amamentá-la, brincar com ela, lavar as fraldas e assim por diante. À noite, estávamos cansadíssimos. Alice sofria de cólicas: as madrugadas não traziam muito repouso. Trabalhávamos seis dias por semana. Aos sábados, porém, apenas meio período.

Aos nove meses, Alice começou a ir à *dagmamma*, das oito da manhã às quatro da tarde. A partir daquele momento, por não fazer diferença, Eugenio estabeleceu que o trabalho começaria para todos às oito, ao invés de se iniciar às sete. Mas ele continuou a chegar às sete.

E, além disso, existiam as turnês. O que fazer? Eu não tinha nenhum exemplo a seguir. A única possibilidade era encontrar uma solução para cada problema, à medida que se apresentavam. Alice teve diversas babás, todas professoras de creches, formadas em Holstebro. Para a longa turnê na América Latina em 1987, escolhemos, como babá, uma enfermeira que falava espanhol. Os organizadores pagavam a viagem e o hotel da babá. Francis, Torgeir e eu pagávamos seu salário e alimentação.

A vida é uma improvisação.

Junho de 1987, estamos no México. Apresentamos *O Evangelho de Oxyrhyncus*, em Monterrey.

Alice Carreri Pardeilhan (Bonn, 1984).

No seu quarto de hotel, Alice já está de pijamas. A babá está escovando os dentes e quando levanta os olhos vê, refletida no espelho, a imagem de Alice sentada na cama. Há lágrimas descendo silenciosamente sobre suas bochechinhas. Diz: "Sinto falta de Møborg". Møborg é o nome da vila a vinte quilômetros de Holstebro onde Torgeir, Francis e eu vivíamos há quatro anos com Alice. Quando a babá me conta, parte meu coração. Por sorte, tínhamos chegado à parte final de nossa última turnê com O Evangelho de Oxyrhyncus.

Dois meses depois, Francis se mudaria para a Itália e Alice começaria a ir à escola. Uma nova época se iniciaria para nós. Eu não participaria do próximo espetáculo de grupo.

Em 1990, Torgeir, Alice e eu nos mudamos para o centro de Holstebro. Nessa época, minha mãe pôde vir de Milão para cuidar de Alice nos períodos em que estávamos em turnê. Também Eugenio foi ótimo em improvisar, criando a regra de que o novo espetáculo de grupo sairia em turnê por apenas quatro meses por ano. O resto das atividades seriam realizadas em Holstebro e aquelas que acontecessem no exterior não teriam necessidade da minha presença. Foi então que, para criar novas iniciativas pedagógicas, enquanto os outros companheiros estavam em turnê com *Talabot*[3], idealizei a Odin Week.

Como na criação dos nossos espetáculos, todas as soluções têm sido encontradas no percurso, não antes.

A quem perguntar o que aconteceu com aquela menina que em 1987 chorava de pijamas em um quarto de hotel em Monterrey, posso dizer que aos dezenove anos deixou Holstebro e mudou-se para Copenhague onde, após dois anos de escola de ceramista e dois anos de universidade de orientação humanística, conseguiu passar na prova de admissão do Rytmisk Musikkonservatorium (Conservatório de Música Rítmica), onde frequenta o terceiro ano. Sonha viver cantando jazz.

---

3   *Talabot*, 1988-1991. Dedicado a Hans Martin Berg e Christian Ludvigsen. Atores: César Brie, Jan Ferslev, Richard Fowler, Naira Gonzalez, Falk Heinrich, Iben Nagel Rasmussen, Isabel Ubeda, Julia Varley, Torgeir Wethal (Falk Heinrich e Isabel Ubeda entraram no espetáculo em substituição a César Brie e Naira Gonzalez em 1990. Trata-se, na realidade, de uma segunda versão do espetáculo, apresentada até o fim do ano seguinte). Dramaturgia e direção: Eugenio Barba.

19. Mármore

Cada vez que começamos a trabalhar em um novo espetáculo, Eugenio procura colocar a si mesmo e a nós, atores, em uma nova situação.

O fato de trabalhar com os mesmos atores e com o mesmo diretor por muitos anos traz, obviamente, vantagens e desvantagens. A vantagem mais evidente é que, com o tempo, foi criada uma profunda confiança recíproca e uma linguagem de trabalho que permite a comunicação rápida. A desvantagem é que trabalhar, espetáculo após espetáculo, com um mesmo núcleo de pessoas pode ser muito monótono tanto para o diretor quanto para os atores. No início do trabalho em um novo espetáculo, somos obrigados a inventar estratégias inéditas para nos surpreendermos e nos estimularmos reciprocamente.

O trabalho em *O Evangelho de Oxyrhyncus* começou pela escolha dos figurinos.

A sala de trabalho foi dividida em duas por uma cortina preta. Lá atrás está escondida a "pilhagem" de Eugenio, o resultado de suas últimas viagens à América Latina com o pensamento fixo no próximo espetáculo. Ele está junto à cortina preta, com um maço de cartas nas mãos. Cada um dos atores é convidado a tirar uma carta. Aquele que tira a carta mais baixa vai primeiro para trás da cortina, onde escolhe um elemento do figurino. Quando sai, entra o seguinte. Depois que todos tenham estado uma vez atrás da cortina, retornamos, na mesma ordem, para pegar um novo elemento, até que a "pilhagem"

O Evangelho de Oxyrhyncus

acabe e os atores tenham os braços carregados de tecidos, figurinos e acessórios.

Durante minha primeira visita atrás da cortina, havia visto que lá existiam todos os elementos da vestimenta de uma Mãe de Santo[1]. Cada vez que um companheiro saía de lá eu tinha medo que tivesse pego uma parte daquilo que eu havia reconhecido logo como "meu" figurino. Mas ninguém fez isso.

A personagem secreta

Minha personagem explícita em *O Evangelho de Oxyrhyncus* era Antígona, e a "personagem secreta" era Teresa Batista Cansada de Guerra, a protagonista do romance homônimo de Jorge Amado.

Em abril de 1974, no início dos ensaios de *Vem! E o Dia Será Nosso* (trabalho que duraria dois anos), Eugenio nos disse que cada ator receberia duas personagens: uma explícita e uma secreta. Da última não devíamos nunca revelar a identidade a ninguém. Eugenio comparava as duas personagens aos dois cavalos utilizados em batalha pelos guerreiros de uma tribo contra a qual combateu Alexandre Magno. No decorrer da batalha, o guerreiro usava os dois cavalos para se dissimular, para saltar de um ao outro com a intenção de desorientar o inimigo e ter pelo menos um com o qual reentrar no acampamento. A tarefa da personagem secreta é auxiliar o ator a saltar entre duas identidades, evitando, assim, o risco de dar uma imagem muito chapada da personagem explícita. Uma estratégia, em suma, para evitar cair na armadilha dos clichês. No caso em que o ator, depois, não conseguisse dar forma à personagem explícita, restava sempre a personagem secreta a qual poderia chamar em busca de inspiração.

O figurino de Mãe de Santo de Antígona, com suas numerosas camadas de saias brancas, amplas e farfalhantes sobre minhas pernas nuas, influenciou meu modo de interpretar a partitura física. Transmitiu-me um modo de me movimentar que evocava uma sacralidade e uma sensualidade típica dos climas quentes. Sobre a passarela de madeira polida, centro da cenografia de *O Evangelho de Oxyrhyncus*, trabalhava outra vez com pés descalços.

---

1 Junto ao Pai de Santo, é a autoridade espiritual máxima do candomblé, religião africana trazida ao Brasil durante a diáspora negra. São os sacerdotes responsáveis pelas cerimônias religiosas que acontecem no terreiro.

O Evangelho de Oxyrhyncus foi o primeiro espetáculo a não ser baseado em improvisações dos atores, mas naquilo que Eugenio chamava de "mármore", ou seja, uma série de ações físicas criadas por duplas de atores que trabalhavam com um objeto comum. O nome "mármore" derivava do fato de que as partituras físicas não tinham as raízes pessoais típicas das improvisações individuais, mas eram apenas material bruto para ser "esculpido" através da elaboração.

Por exemplo, um companheiro e eu agarrávamos, com ambas as mãos, as pernas de uma cadeira, levantando a cadeira do chão. No momento em que eu erguia minha mão direita e baixava a esquerda, provocava uma mudança na posição da cadeira que obrigava meu companheiro a reagir com os braços e o torso. Então, por sua vez, o companheiro movia a cadeira "voadora", obrigando-me assim a satisfazer sua intenção e a, consequentemente, mudar minha posição no espaço. O peso do objeto nos ajudava a executar as ações com todo o corpo.

Podíamos escolher qualquer objeto: um tubo de plástico, um pedaço de tecido, uma corda. A sequência de ações não tinha conteúdo imaginário. O objeto era usado para executar ações físicas como empurrar, puxar, levantar... O pedaço de tecido, por exemplo, podia ser colocado ao redor dos ombros de um companheiro, contudo não era utilizado como xale para protegê-lo do frio ou como uma bandeira, mas para fazê-lo abaixar-se ou puxá-lo para si.

Uma vez memorizadas, as sequências eram repetidas sem o objeto: primeiro em dupla, depois individualmente. Por fim, o ator devia adaptá-las à própria personagem e às ações que tinha com as outras personagens em cena. Devia, portanto, preencher a partitura com significado.

A partir desse momento, o termo "material" passou a fazer parte da nossa linguagem de trabalho. Indica todas as partituras fixas criadas de diversos modos para o espetáculo.

Em um certo momento dos ensaios, Eugenio sentiu a necessidade de novos materiais, e como eu havia utilizado todo o meu "mármore", decidimos fazer uma improvisação. Montamos a câmera na sala preta. Não me lembro porque, mas estava de figurino. Eugenio me deu um tema. Nada ressoou dentro de mim. Era um período de trabalho intenso e Alice, que era pequena, acordava com frequência durante a noite: sentia agora todo o cansaço. Lembro-me de ficar muito tempo parada, com a cabeça vazia. Era como dormir acordada. Nenhuma imagem, nenhuma ideia. De repente, veio à minha mente uma historinha que lia toda noite para fazer Alice adormecer. Comecei a pensar nela, palavra por palavra, enquanto dava corpo àquelas imagens, ilustrando o texto com ações.

O fato de estar de figurino me induzia a realizar as ações seguindo a dinâmica física da personagem: uma "mulher santa" do candomblé brasileiro. Dentro desse mundo mágico, mudava a dimensão dos objetos: mexia a sopa com uma colher grande como um remo, estendia a toalha sobre uma mesa pequena como um livro, e assim por diante.

Havia ignorado o tema que Eugenio me dera, mas a sequência de ações criada a partir da historinha foi fácil de memorizar, pois tinha um fio a seguir.

Ainda hoje, tantos anos depois, para fazer improvisações que devo memorizar rapidamente, parto sempre de um texto que conheço bem.

Por exemplo, "San Martino" de Giosuè Carducci, uma poesia que aprendi na minha infância: "A neblina nas colinas / chuviscando sal / e sob o mistral / urra e empalidece o mar..." A primeira imagem é da neblina. Começo tocando um muro de neblina diante de mim, então lentamente meu olhar fica nebuloso e eu mesma me transformo em névoa. Ando pelo espaço e sou atingida pelo pensamento da morte do meu primo: seu carro corria na estrada e, de repente, por causa da neblina, bateu contra um outro. Agora sou o carro que corre e bate. Caio ao chão, morta.

Posso olhar a névoa, ser a névoa ou dar caminho livre para uma associação a partir da névoa. Assim, mesmo um texto breve pode servir como fio de Ariadne para uma improvisação relativamente longa.

Posso ser o caçador que recolhe o pássaro morto e no instante seguinte ser o pássaro morto que é recolhido pelo caçador.

Graças ao treinamento, adquiri essa capacidade psicofísica de me mover alternadamente entre sujeito e objeto da ação.

20. Encontro com Mestres Asiáticos

Em 1980, em Bonn, aconteceu a primeira Katsuko Azuma sessão da Ista. A sessão completa durava um mês, mas eu estive pre- e o Nihon Buyo sente por apenas quinze dias. Eugenio havia pensado em inserir a dança do leão[1] em *O Milhão* e por isso tinha pedido a Katsuko Azuma, mestra de Nihon Buyo, que a ensinasse a mim.

Trabalhar com Katsuko Azuma sobre as posições de base da dança clássica japonesa foi uma experiência decisiva no meu crescimento profissional.

Até aquele momento havia voltado a atenção, em meu treinamento, ao trabalho do corpo "externo": os membros, o torso, a cabeça. Katsuko procurava ensinar-me uma coisa diferente. Pedia que eu imaginasse uma bola de aço coberta de veludo no meu ventre e um cabo de aço esticado entre o topo da cabeça e o cóccix. Esse cabo estava em tensão: partindo da cabeça, em direção ao céu, e do cóccix, em direção ao centro da terra. Quando me dava essa indicação, buscava fazer-me executar a posição de base do Nihon Buyo. Parece uma contradição de termos falar em "executar" uma posição, porém essa posição não é estática, mas, dinâmica, na sua aparente imobilidade.

---

[1] Trata-se da espetacular dança do Shishi, a figura do leão pertencente à mitologia chinesa que gira freneticamente sua juba. É possível ver Katsuko Azuma interpretá-la em: E. Barba; N. Savarese, *A Arte Secreta do Ator: Dicionário de Antropologia Teatral*. Campinas: Editora da Unicamp, 1995.

Devia aprender a sentir meu corpo por dentro e incorporar as tensões de que me falava Katsuko. São essas micro-tensões que mais tarde eu viria a chamar de *in-tensões*. As *in-tensões* não têm nada a ver com as tensões que, por vezes, tomam conta de partes do corpo do ator quando está inseguro e enrijece, por exemplo, uma mão, a nuca, os tornozelos ou franze a testa.

As indicações de Katsuko não eram simples de serem traduzidas em ações. Por sorte, anos de treinamento haviam me ensinado a aprender.

Sanjukta Panigrahi e a dança Odissi

Além das lições com Katsuko, assistia cotidianamente às demonstrações dos mestres balineses e da Ópera de Pequim, e todas as tardes encontrava-me por uma hora com Sanjukta Panigrahi[2] para aprender as posições de base da dança Odissi. Ao me ensinar o *tribhangi*[3], Sanjukta obrigava-me, em primeiro lugar, a romper com o modo cotidiano de pensar as linhas do corpo e a criar um novo equilíbrio segundo as linhas de tensão que ela me indicava.

Quando, em 1997, recebi a notícia da morte de Sanjukta, eu estava em casa, de férias. Era um dia esplêndido de verão dinamarquês. A primeira coisa que pensei foi: sem ela o mundo é mais pobre. Sanjukta Panigrahi havia se tornado a rainha da Ista. Por anos suas danças Odissi haviam iluminado a cena do Theatrum Mundi[4] e enchido os corações dos espectadores de força e beleza. Acreditar na necessidade de fazer o próprio trabalho e aceitar as consequências, eis o que Sanjukta me ensinou com seu exemplo.

Os atores balineses

No trabalho dos atores balineses me atraía particularmente a tendência a exasperar todos os movimentos. Eram maravilhosamente

2 Sanjukta Panigrahi, mestra indiana de dança Odissi, que contribuiu de maneira substancial à sua reconstrução e renascimento, desenvolvendo, juntamente com outros estudiosos, um trabalho de pesquisa para codificar a dança com base nos antigos manuscritos e nas esculturas dos templos da região de Orissa. Começou a colaborar com Eugenio Barba em 1977, desenvolvendo, com outros mestres indianos, uma oficina de formas clássicas de dança e teatro indianos organizada pelo Odin Teatret em sua sede de Holstebro. Foi uma das fundadoras da Ista e participou das primeiras dez sessões realizadas entre 1980 e 1996. Sanjukta Panigrahi faleceu em 1997.
3 O termo *tribhangi* significa literalmente "três arcos" e indica uma posição de base da dança Odissi em que o corpo se arqueia segundo uma linha em forma de S que passa através da cabeça, dos ombros, dos quadris e dos joelhos.
4 Expressão que designa o espetáculo dirigido por Eugenio Barba, apresentado ao fim de cada sessão da Ista e em outras ocasiões, do qual participam os mestres de diversas tradições asiáticas e ocidentais que, com os atores do Odin Teatret, compõem a equipe artística da Ista.

Da *Dança Ista*: um salto inspirado na dança clássica japonesa Nihon Buyo.

Da *Dança Ista*: posições de base do Nihon Buyo.

Da *Dança Ista*: posições inspiradas na dança indiana Odissi.

extremos no modo de levantar os ombros até as orelhas, de andar com os joelhos flexionados em ângulo reto e de focalizar o olhar. Sim, a energia de seus olhos era talvez a coisa que mais me fascinava.

Depois da minha experiência na Ista de Bonn, além de me exercitar na dança do leão, continuei a praticar os princípios de base das danças balinesas, indianas e chinesas, buscando recriar aquelas tensões internas que constituíam a especificidade de cada uma. Com base nesse treinamento, criei aquela que chamei de *Dança Ista*, e que uso na abertura de *Pegadas na Neve*.

Pensar segundo categorias de "mudança de energia" ou "lógica das tensões" me abriu novos horizontes. Foi um período muito fértil no meu treinamento.

Natsu Nakajima e o Butō   Mais tarde, em 1984, quando o Odin Teatret foi convidado ao Festival Internacional de Jerusalém, vi pela primeira vez um espetáculo de dança Butō[5] e fiquei fascinada. A afirmação de que a fascinação é o primeiro passo em direção ao conhecimento também nesse caso revelou-se verdadeira. As coisas que me afetaram no trabalho de Natsu Nakajima e de sua companhia foram a extrema lentidão e a

5   *The Garden*, da companhia de dança Butō Muteki-Sha, fundada em Tóquio, em 1979, por Natsu Nakajima, dançarina, aluna e colaboradora de Tatsumi Hijikata.

Da *Dança Ista*: posições inspiradas na dança balinesa.

intensidade dos movimentos. Essa extraordinária lentidão, saturada de energia, ao invés de me entediar, acordou os meus sentidos. Naquele mesmo dia Natsu daria uma oficina. Graças à intervenção de Eugenio, foi possível que eu participasse, mesmo que já houvesse iniciado. Seu treinamento era veloz e violento, com elementos trazidos das artes marciais. Não reconhecia neles nada daquela lentidão que havia notado em seu espetáculo, e isso aumentou ainda mais meu interesse.

Em 1986, durante as férias de verão, decidi ir a Tóquio para trabalhar com Natsu.

Começávamos cada dia com duas horas de treinamento físico muito intenso que continha alguns elementos do treino da polícia japonesa; em seguida, passávamos a duas horas de improvisação. Nessa segunda fase, usávamos as posições do teatro Nō: a coluna vertebral era atravessada por uma tensão que partia do topo da cabeça, que imaginávamos seguir em direção ao céu, enquanto o cóccix era atraído para a terra, exatamente como na posição de base do Nihon Buyo que havia aprendido com Katsuko Azuma. Depois dissolvíamos essa posição criando coreografias de uma extrema lentidão fixadas por Natsu com uma aluna que, por sua vez, as transmitia a mim.

Uma das coreografias foi criada a partir de imagens de esculturas de Jean Clos. Natsu me fazia repeti-la mudando qualidades de energia de uma imagem à outra, alternando, por exemplo, da energia da pedra à energia da água que escorre ou de uma neblina. Ela me fazia improvisar a mesma coreografia com três músicas diferentes. Após cinco semanas, escolheu uma e me deu em uma fita cassete, dizendo: "Esta é a sua música".

Não havia nunca compartilhado coreografias (ou "partituras", segundo a língua de trabalho do Odin Teatret) com outras pessoas antes daquele momento. Fiquei surpresa com o fato de que uma mesma coreografia, realizada por duas pessoas com músicas diferentes, pudesse assumir significados e aspectos diversos a ponto de fazê-las parecerem duas entidades independentes.

O aspecto mais surpreendente desse aprendizado para mim foi o trabalho com o olhar. A indicação básica era relaxar ao máximo possível os músculos dos olhos até chegar a desfocar completamente a imagem. "Não veja mais que aquilo que está na sua frente, não quer ver, não te interessa. Não importa para onde vão seus olhos, busque

Dança Ista: posições inspiradas na dança Butō.

ver apenas dentro de si. Seu olhar não se volta para o externo, mas para o interno", me repetia Natsu.

No início, ela podia fazer com que eu repetisse uma sequência, marcando o ritmo com um tambor, para me fazer assimilar a sensação do tempo necessário para cada imagem. A precisão que Natsu exigia ia além da precisão física pedida a mim, naquele momento, por Eugenio durante os ensaios dos espetáculos. A precisão de Natsu era uma precisão mental que fisicamente tinha uma margem ampla o bastante para improvisações, e me permitia explorar a minha partitura a cada vez como se fosse a primeira.

No mesmo período, três noites por semana, fazia lições com Kazuo Ohno[6] em seu estúdio de Yokohama. Suas indicações eram muito sugestivas. Dizia: "Para vocês, no mundo ocidental, a dança é aquilo que veem fazer o corpo, mas a verdadeira dança é aquilo que acontece dentro do corpo do bailarino".

Na primeira noite, Kazuo Ohno nos convidou a experimentar o contato com o nosso *kokoro*, movimentando-nos no lugar. Esse termo, em japonês, indica o coração-alma (por coração entende-se a sede, a mina dos sentimentos). Na segunda noite, tentamos encontrar o *kokoro* na caminhada e nos *ma*: momentos de imobilidade nos quais bloqueamos a respiração, mas a mente continua a se projetar na ação.

Kazuo Ohno também insistia na importância do olhar. Ele nos dizia: "Seus olhos devem ser buracos, não devem ver nada. Devem ser como os olhos dos mortos que veem tudo e não veem nada. Quando os olhos não olham, deixam transparecer o *kokoro*, o centro: o coração-alma".

No processo que devia seguir para encontrar essa qualidade de olhar, o mundo ao redor de mim se desfocava, eu parava de vê-lo, ele perdia a importância e eu perdia a noção do tempo. Em compensação, as imagens que compunham minha coreografia se dilatavam, ocupando toda a minha mente. Não via aquilo que estava ao meu redor e isso, por mais absurdo que possa parecer, me dava uma sensação de grande segurança. Nesse estado, parava de me preocupar com minha aparência e me concentrava unicamente em estar presente nas imagens que estava incorporando.

6   Kazuo Ohno, dançarino, coreógrafo e educador japonês (Ilha de Hokkaido, 1906) que, em 1954, começou a colaborar com Tatsumi Hijikata, com quem fundou a dança Butō.

Meu corpo se transformava em uma redoma de vidro dentro da qual me sentia segura e onde meu *kokoro* podia mover-se livremente sem que o corpo ocultasse a sua dança.

Até aquele momento, trabalhando no treinamento com o olhar focalizado, tinha sempre uma ideia precisa da minha aparência. Sem a focalização do olhar, a minha capacidade de me observar de fora desapareceu. Lembro que foi um choque, para mim, ver pela primeira vez as fotografias da minha personagem em *Judith*, porque não tinha ideia de como era minha aparência.

<small>O corpo interno</small> Katsuko Azuma, Natsu Nakajima e Kazuo Ohno revelaram a mim um modo completamente novo de sentir meu corpo, não do exterior, mas de dentro. Eles me fizeram descobrir aquilo que hoje chamo de "corpo interno", revelando-me partes de mim secretas até para mim mesma.

21. Judith

No Odin Teatret, os espetáculos de grupo nascem de uma ideia ou de uma exigência de Eugenio. As demonstrações de trabalho e os espetáculos com um, dois ou três atores nascem, ao contrário, da necessidade do ator e têm raízes profundas no treinamento.

<small>A terceira estação do treinamento</small>

Em 1986, quando fui ao Japão para trabalhar com Natsu Nakajima, estava em um período de crise pessoal. No ano seguinte, Alice começaria a escola em Holstebro e isso me impediria de continuar a sair em turnê com o grupo. Ao mesmo tempo, desejava ardentemente ter um filho de Torgeir, com quem vivia há anos, mas não conseguia me decidir se o fazia ou não, e isso me angustiava.

Parti ao Japão com a nostalgia dentro de mim por aquele filho que não havia tido. Natsu Nakajima me disse que no Butō dançamos as próprias alegrias e as próprias dores. Ela havia acabado de perder seu mestre e ponto de referência por mais de vinte anos: Tatsumi Hijikata. Agora queria dançar a sua morte. A única aluna de Natsu havia perdido seu irmão gêmeo, que se suicidara, e ela desejava fazer um espetáculo para dançar a sua morte. Nesse contexto, achei natural dançar minha dolorosa nostalgia. Não querendo contar em detalhes as minhas razões a Natsu, limitei a comunicar o tema que havia escolhido: uma mulher espera um filho. Começamos a chamar a mulher de Maria porque Natsu pensou logo na mãe de Jesus. A coreografia que havíamos composto juntas tinha para mim o tema do "príncipe não nascido" e para Natsu, o filho de Maria.

Nosso trabalho deu origem a uma série de materiais que mostrei a Eugenio e aos companheiros no meu retorno do Japão. Poucos meses depois, Eugenio se ofereceu para criar um espetáculo a partir daqueles materiais. Um espetáculo, no qual estivesse sozinha em cena, me permitiria equilibrar meu trabalho de atriz e as exigências da maternidade. Eugenio me deu algumas tarefas e o catálogo de uma mostra de arte que havia acontecido em Florença, em 1986: Madalena entre o sagrado e o profano. Maria Madalena, após a morte de Jesus, fugiu de Jerusalém, talvez grávida. E assim aparecia mais uma vez meu tema do "príncipe não nascido". Observava as imagens daquele livro e descobria que algumas delas, mesmo com a distância de séculos, tinham ainda uma grande força evocativa. Fotocopiei algumas e as enfileirei no chão, e então passei a reproduzir as diferentes poses com meu corpo.

As turnês com *O Evangelho de Oxyrhyncus* prosseguiam e eu continuava a desenvolver as tarefas que Eugenio havia me pedido. Viajava com uma cadeira dobrável e um aparelho de som portátil que usava durante meu treinamento cotidiano. Pela manhã, na sala onde à noite apresentávamos o espetáculo, memorizava, com meu corpo, as imagens que havia escolhido do catálogo da mostra, e as usava para criar sequências de ações que adaptava a diversas músicas e objetos. Elaborei uma série de sequências de imagens de Maria Madalena: carregando óleo perfumado; enquanto lava os pés de Jesus; sob a cruz; em êxtase.

Em seguida, busquei um ritmo para unir as diversas imagens com fluência. Escolhi uma canção, mas, para não colocar "açúcar no melado", como se diz na Dinamarca, não optei por uma música dramática: as imagens já eram dramáticas por si mesmas. No início, usei uma canção de ninar, conhecida apenas na Itália. Por fim, escolhi uma canção que evocasse a imagem de uma criança também em outros países, o canto natalino *Noite Feliz*.

Ao mesmo tempo, continuava a explorar, em meu treinamento, alguns princípios da dança Butō. Aquilo que a caracteriza é que o dançarino não representa uma personagem, mas seu fantasma, sua sombra. Trabalha-se muito com os elementos da natureza. Natsu, por exemplo,

Na página anterior, uma sequência de ações criadas a partir de pinturas figurando Maria Madalena.

pedia que repetisse muitas vezes as coreografias, dando-me diversas indicações: "Você é pedra. Você é nuvem. Terra. Água. Ar".

<small>A criação de Judith</small> Em julho de 1987, dois dias depois do fim das gravações do filme sobre *O Evangelho de Oxyrhyncus*[1], Eugenio e eu entramos em sala para começar os ensaios. Mostrei a ele meu material que incluía, além do meu treinamento, as coreografias que havia criado com os mestres Butō no Japão e o resultado das tarefas que ele havia me dado.

Eugenio havia imaginado que, para criar uma situação dramática, eu deveria agir em relação a uma outra personagem. Com base no meu material, essa pessoa deveria estar no chão. Talvez pudéssemos usar apenas a cabeça. Eugenio pensou então em Salomé. Para mim parecia muito interessante porque, alternando entre Maria Madalena e Salomé, teria a possibilidade de oscilar entre o sagrado e o profano. Mais uma vez, dialogava com a personagem secreta.

Em seguida, sugeriu que eu explorasse a figura de Judith. Ele havia lido várias obras sobre sua história que revelavam sua complexidade. Judith pode ser vista como uma mulher santa que realiza um ritual e age sob comando divino, ou como uma fria calculista que sede ao fascínio de Holofernes, apaixona-se e o assassina porque não pode resistir a ele. Nessas duas interpretações, o sagrado e o profano fundiam-se na mesma personagem. Não tinha mais necessidade de pensar em Maria Madalena e Salomé: Judith abrangia ambas.

Eugenio pôs "mãos à obra" para elaborar todos os meus materiais em relação à história de Judith. Depois pediu que eu preparasse mais materiais, usando alguns objetos que havia me dado.

Quando mostrei a ele a sequência de imagens de Madalena acompanhada de *Noite Feliz*, propôs substituir a canção por um monólogo de amor que criamos juntos, montando fragmentos de diversas poesias.

No Odin Teatret, percorremos muitos caminhos para chegar ao texto definitivo do espetáculo. Às vezes partimos da obra de um autor, que podemos também elaborar radicalmente. Outras vezes, é Eugenio ou um dos atores quem escreve o texto. Com frequência, o diretor e os atores propõem poesias, romances ou artigos de jornal dos quais destilamos

---

1 Trata-se do filme *No Princípio era a Ideia*, produzido pelo Odin Teatret Film em 1991 e dirigido por Torgeir Wethal.

diálogos e monólogos. Ou ainda, escolhemos as partes mais sugestivas de toda a obra de um autor.

O texto, como o espetáculo, nasce da interação entre o diretor e os atores.

Para *Judith*, eu havia pego uma série de poesias de Paul Eluard. Eugenio havia escolhido seguir a versão de Friedrich Hebbel para a história. Nela, Judith, uma jovem viúva judia, rica, bela e sem filhos, colocada frente a frente com a figura carismática de Holofernes, general supremo do exército assírio, apaixona-se antes de assassiná-lo para salvar seu povo. No espetáculo, dirijo o poema de amor para a cabeça decepada de Holofernes. A partitura física que havia criado originariamente com base nas imagens de Madalena sofreu as modificações necessárias para se adaptar ao novo contexto.

Um dia, durante os ensaios, Eugenio me pediu que mostrasse uma cena de *Vem! E o Dia Será Nosso* que fazia em dupla com Tom Fjordefalk. Depois me pediu que a repetisse seguindo a lógica da dança Butō. O resultado imediato foi um aumento da intensidade e uma diminuição na velocidade das minhas ações, além de uma mudança na energia do meu olhar. Nessa cena, eu tirava o poncho de índio de Tom, fazia-o vestir uma camisa branca e calçar um par de sapatos, envolvia-o com um cobertor militar e colocava um chapéu preto em sua cabeça. Como executar a mesma sequência sem ele? Após um primeiro momento de confusão, me lembrei daquilo que Natsu tinha me dito: "Em uma cena, podemos ser alternadamente o sujeito e o objeto da ação". No caso da sequência com Tom, era eu a cumprir as ações enquanto ele era o objeto que as sofria. Para fazer o mesmo em sua ausência, alternei-me em executar as ações e sofrê-las. <!-- marginal: Ser, ao mesmo tempo, sujeito e objeto da ação -->

Esse foi o início da criação da cena final de *Judith*.

No período de um mês de ensaios, *Judith* ficou pronto. Nenhum espetáculo, até então, havia nascido assim rapidamente.

Poucos dias após a estreia, em agosto de 1987, Alice começou a ir à escola enquanto Eugenio e os outros atores partiram para Fara Sabina para começar os ensaios de *Talabot*, o novo espetáculo de grupo, do qual eu não faria parte.

Durante as primeiras apresentações, o espetáculo está ainda em processo de formação. São necessárias ao menos cinquenta para estabilizá-lo. <!-- marginal: Escutar e reagir -->

Por semanas, meses, anos, Eugenio luta para dar vida ao espetáculo, defendendo, em um primeiro período, a criatividade dos atores e, depois, seguindo a sua lógica criativa, para guiar a viagem sensorial dos espectadores.

O espetáculo é como um organismo: pode apenas crescer ou morrer. Quem o faz crescer são os atores que, sabendo perfeitamente o que fazer, podem concentrar-se no essencial em cena: escutar e reagir. Somente com a condição de que isso aconteça, o espetáculo pode continuar a viver e evitar transformar-se em mera repetição.

Muitas vezes me perguntaram como posso continuar por anos a apresentar um espetáculo com partituras físicas e vocais fixas.

No entanto, não acho que se faça a mesma pergunta com frequência a um músico que tenha tocado por anos os *Noturnos* de Chopin ou as *Variações Goldberg* de Bach, mas, a meu ver, não existe diferença entre eles e eu. Também o músico repete uma partitura fixa, escrita inteiramente por uma outra pessoa talvez muito tempo antes. Contudo, com os anos, sua interpretação se enriquece em segurança, vivência, fraseados e detalhes. Não é um mistério: quando se está seguro daquilo que se faz, pode-se estar mais aberto ao mundo ao redor e "dançar" com ele. Para mim, a partitura é um meio que permite ao meu *kokoro* entrar em contato com o *kokoro* de outras pessoas. Uso esse vocábulo japonês, pois se "centro" é uma palavra técnica demais, por outro lado "alma", para mim, é carregada de significados religiosos. No termo japonês *kokoro*, esses dois significados se fundem e se equilibram.

<small>A concentração antes do espetáculo</small>

Também me perguntam, com frequência, qual é meu método de concentração antes do espetáculo. Mais do que *o que* faço, nesses momentos o mais importante é *como* o faço.

Chego ao teatro sempre algumas horas antes do início do espetáculo, passo o figurino, coloco em seus lugares os objetos de cena, faço alguns exercícios de alongamento, aqueço a voz. Maquiar-me, mesmo se às vezes a maquiagem é leve, é o momento mais importante pois, como escreveu Bertolt Brecht em uma belíssima poesia sua[2], ajuda-me a eliminar do rosto cada traço pessoal.

---

2 "O meu rosto é maquiado, limpo de toda personalidade, feito vazio, para refletir os pensamentos, de agora em diante mutável como a voz e o gesto". Bertolt Brecht, "Maquiagem". (Tradução de Bruna Longo).

O silêncio não é absoluto, porém é dominante enquanto procuro esvaziar minha mente de toda preocupação cotidiana. O vazio é o ponto de onde parto.

Em *Judith*, sem a relação com outros atores, devo me concentrar comigo mesma para escutar e reagir com ações aos meus parceiros: minhas imagens mentais e a música.

Comecei a representar *Judith* em 1987. *Judith* de 2007 é o mesmo espetáculo que o de 1987? Roberta Carreri de então é a mesma pessoa em 2007? Sim e não.

O espetáculo é o mesmo: não mudei a trilha sonora, o texto ou a sequência de ações, mas eu sou outra. A pessoa muda, o ator se transforma, aquilo que permanece invariável é o valor do instante em cena.

Devo habitar cada instante do espetáculo como se fosse uma vasta sala. Devo frasear cada ação, executá-la como se fosse a única vez em que me é dada essa possibilidade, vivendo cada apresentação como se fosse a última. Não devo me apressar e também não devo me demorar.

A fluência aparece apenas quando o medo some, e o medo some com o exercício. Para isso, o treinamento e um longo período de ensaios são necessários.

Observo uma pessoa voando com sua asa-delta: voa quando seu pensamento transforma-se em ação.

Observo dois desconhecidos dançando tango: a dança surge apenas quando param de pensar no que fazer e deixam que seus corpos reajam através do saber adquirido ao decorrer dos anos. O corpo que sabe não pensa, reage.

Para transcender a técnica, devo fazer desaparecer a dicotomia pensamento/ação, mente/corpo.

O grande flautista é a música que ele toca. O grande cantor é a canção que ele canta.

O grande ator é a ação que ele realiza. Diante dele, o espectador, esquecendo de si mesmo, transforma-se em parte do som, da dança, da ação.

Não existe silêncio mais forte que o de duzentos espectadores durante o espetáculo. Existe um momento em *Pegadas na Neve* em que esse silêncio se materializa, toda vez. É um instante mágico. O privilégio de poder revivê-lo é provavelmente uma das razões pelas quais faço teatro.

22. A Anotação das Improvisações

Nos anos de 1970, o ritmo de produção dos espetáculos era consideravelmente lento por causa do tempo necessário aos atores para memorizar as improvisações gravadas com a câmera de vídeo. No início dos anos de 1980, Torgeir inventou um modo de criar material que chamou de "um passo por vez". O ator realiza uma ação e então a repete, realiza a segunda ação e repete a primeira e a segunda, depois realiza a terceira e repete a primeira, a segunda e a terceira. Desse modo, compõe uma série de ações enquanto as memoriza.

Utilizei esse método para responder ao tema que Eugenio nos deu para improvisação, em maio de 1992, no início daquilo que se tornaria a criação de *Kaosmos*. Eugenio nos envolve, regularmente, em situação de pesquisa. São momentos privilegiados em que partimos em uma viagem da qual não conhecemos a meta e na qual descobrimos sempre alguma coisa que não esperávamos. É um modo de refletir sobre a nossa profissão e também de solidificar o grupo. Essas situações podem ter como tema o treinamento ou o trabalho criativo para o espetáculo.

<small>As improvisações para *Kaosmos*</small>

Quinta-feira, 7 de maio de 1992
Entramos na sala preta vestidos elegantemente e trazemos conosco um cobertor ou qualquer coisa similar. Eu trouxe um poncho peruano. Estou vestida de preto, com um vestido leve e um casaco acinturado, sapatos com saltos.
Meses atrás, Eugenio nos deu a tarefa de ler para o ensaio de hoje o Livro da Selva de Rudyard Kipling.

<small>Do diário de trabalho</small>

Começa dando um tema coletivo para as improvisações.

"Como nasce um lobo?", pergunta Eugenio, então continua: "Existem três modos: o biológico-literal (o lobinho, na barriga da mãe com os irmãos, começa a viagem em direção à terra, onde existe luz e escuridão); a ação que traz uma pessoa jovem do anonimato ao grupo daqueles que têm um nome (um rito de iniciação que dura onze noites: abluções, caminhar sobre brasas, rolar-se em amoras silvestres...); aquilo que ocorre quando se é velho, o terceiro nascimento, quando alguém ultrapassou a primeira juventude e as pessoas dizem: ele/ela é um velho lobo. A qualidade do lobo foi desenvolvida.

Vamos trabalhar sobre estes três nascimentos. Peguem um pequeno 'tapete voador', que seja suficiente para uma pessoa. Coloquem o tapete no chão e ele se torna seu macrocosmo pessoal. O tapete se torna a selva. Sobre o tapete, a loba daria à luz. O velho se sentaria para assistir ao ritual que permite ao jovem encontrar seu 'eu'. Coloquem o tapete no lugar certo. Passem pelos três nascimentos e os memorizem. No tapete que estão tecendo devem encontrar os nós que possam ser verbalizados. Cada nascimento deve ter seus nós, que são diversos e têm palavras. Por exemplo, no primeiro nascimento: amanhecer, esforço, crepúsculo. O terceiro nascimento é em terceira pessoa: 'ele é virtuoso'. A humildade é percebida pelos que estão fora.

Kipu significa 'fio de nós' e era o nome da escritura Inca.

Cada nó que vocês criarem devem ter a natureza de um cadáver que incha à margem da estrada: está morto, mas cheio de vida, cheio de astúcia. Encontrem as palavras que ajudem a (se) transformar.

Quando tiverem terminado, sentem-se e observem aquilo que fazem os outros colegas. Depois escrevam o Kipu, ou seja: 'livre associação'. Aquilo que caracteriza o poema (o que é feito pelo poeta = aquele que faz) é que as palavras são escolhidas. O poeta liberta as palavras de seu significado unívoco e dá a elas liberdade de significar muito mais. As palavras tornam-se 'ações'. Depois, deem para mim uma cópia dos seus Kipu".

No meu diário de trabalho descrevo, passo a passo, minha improvisação, que aconteceu no espaço limitado de um poncho peruano. Eis as anotações que me ajudaram a lembrar a improvisação resultada do tema proposto por Eugenio:

Primeiro nascimento. *Deitada em meu poncho sobre meu quadril es-* Do diário de
querdo. Perna esquerda em posição fetal. Braço esquerdo semialongado. trabalho
Perna direita alongada para frente. Braço direito estendido com a mão no
chão próxima ao rosto. Sou a Mãe Terra: metade feto, metade parteira.
Empurro o chão com a mão direita e então levanto o indicador como um
botão de flor. Quando o braço se estende em direção ao alto, abro/fecho a
mão. Agarro a luz e a trago a mim. Abro meu corpo para a direita. Sou
um lobinho, com o cotovelo direito toco dois irmãozinhos. Abro a mão e
toco com os dedos o focinho de um terceiro irmãozinho e o queixo de um
quarto. O quinto irmãozinho acaricio sobre minha cabeça. Depois, todos
começam a empurrar minhas costas.

Eu me transformo na loba (rosto no chão, abaixada sobre os calcanha-
res). Mão direita e cotovelo esquerdo no chão, começo a empurrar para
frente. Empurro três vezes.

Eu me transformo no lobinho, levanto até a metade e me sento sobre os
calcanhares. Olhos sempre fechados. Cuspo lentamente um colar de corais.
Coço a barriga, sorrindo. Levo a mão direita, depois a esquerda, ao nariz.
Farejo nas duas direções. Pego entre os dedos os mamilos da loba. Sorrio.
Um irmão (minha mão direita) me morde a orelha direita. Com a mão
esquerda, dou uma patada nele e me liberto. Eu me faço amplo com os
ombros e os cotovelos e entreabro os olhos que estão cheios de água.

Cresço como uma árvore. Em todas as direções. Então, relaxo dando
um passo para trás.

Segundo nascimento. *"Dança do sol" (curvada para trás). Faço meio*
círculo dando pequenos golpes com os pés ao lado. Paro sobre o "lugar
sagrado" e começo a cambalear. Oscilando, atravesso a selva. Eu me
"recomponho", trabalhando com a espinha dorsal. Viro-me. Olho para
o carvão ardente. Tapo o nariz com a mão direita aberta e uso a mão
esquerda como venda. Avanço caminhando sobre as brasas. Chego ao
limite da selva e começo a explorar suas fronteiras me entranhando nas
amoreiras. Quando chego ao "lugar sagrado", ajoelho e sento com os
pés ao lado dos quadris. Coloco a mão direita e depois a esquerda em
cruz sobre o "lugar sagrado" e começo a colher as bagas com o indica-
dor esquerdo, que depois passo sobre o lábio inferior. Depois da quarta
baga, deixo escorregar o dedo até o ventre e ali se expande o fogo. Danço
agachada. Quando a dança termina, tenho os olhos fechados. Estou cega.

"*Focalizo*" *os olhos por dentro, com as pálpebras fechadas. Ajoelho e indico três pontos, depois me levanto. Agarro uma borboleta que voa na minha frente e a trago diante dos olhos. Toco a raiz do meu nariz e deixo os dedos escorregarem até o queixo. Lanço gentilmente a borboleta em frente a mim e quando ela toca o chão, abro os olhos.*

Terceiro nascimento. Ganhei a visão. Viro a cabeça e os ombros para a direita mantendo os olhos e os quadris fixos para frente. Avanço meio passo e depois retrocedo muito lentamente até o limite da selva (à beira do poncho). Trago o punho direito para a têmpora direita e deixo oscilar o braço esquerdo. Também a cabeça oscila um pouco. Então, começo a dar golpes silenciosos no chão com o pé direito. Crescendo de olhos fechados. Quando a dança termina, acaricio com o punho direito a bochecha direita. O rosto se endurece, os ângulos da boca se voltam para baixo e os olhos estão semifechados. Sou o Velho Lobo. Lentamente coloco as mãos sobre os quadris e começo a andar em círculos. Meus pés encontram o colar que cuspi no começo e o esmago. Continuo a andar em círculo, terminando com a mão direita sobre o ombro direito.

Este foi meu *Kipu*:

<small>Do diário de trabalho</small>

Sou a Mãe Terra: metade feto, metade parteira.
Empurro a terra. Furo a terra. Nasço de dentro da terra.
Como uma árvore, cresço dentro da terra enquanto busco a luz, para o alto, eu a agarro e a faço minha.
Tenho cinco irmãos: dois de cotovelo e três de mão. Juntos me pressionam em direção à luz, enquanto empurro a loba para que dê à luz.
Sou o primeiro e o último entre todos os outros que são, nas suas vezes, os primeiros e últimos.
Sou.
Satisfeito.
Na luz fecho os olhos, cheios d'água. E cresço nela, executando a dança do sol. A noite me faz cambalear, vacilar.
As brasas brilham na escuridão. O vento as faz brilhar e me traz o cheiro de carne queimada.
Exploro os limites.
Eu me entranho nas amoreiras e chego no lugar das bagas sagradas.

A quarta baga acende em mim o fogo e me dá visão na escuridão, e, com ela, o conhecimento da dor, e, com isso, a maturidade e, com ela, a sensação da perda.

Durante os primeiros meses, trabalhei no espetáculo sem saber qual seria minha personagem, quem fazia as ações que eu realizava, quem cantava as canções que eu cantava. Sempre que surgia a oportunidade, Eugenio me dizia: "O que está fazendo é Judith demais". Interpretar uma mesma personagem por muitos anos havia feito com que sua dinâmica fosse enraizada em mim, como uma segunda natureza que corria o risco de colorir tudo aquilo que eu fazia em cena.

Eugenio não sabia ainda qual seria minha personagem, mas após muita insistência aceitou ao menos me comunicar a personagem secreta: Medeia.

Após muitos meses de trabalho, Eugenio decidiu que minha personagem seria a Mãe, extraída da *História de uma Mãe*, de Hans Christian Andersen. Para evitar a leveza de Judith, escolhi vestir minha personagem com um figurino pesado, com muitas camadas, envolver os cabelos ao redor de uma enorme meada de lã preta que circundava minha cabeça, vestir um par de sapatos de salto e enfeitá-la com muitas joias.

Kaosmos nos daria a oportunidade de experimentar as possibilidades de interpretar a partitura tanto dentro do próprio espetáculo quanto depois da sua morte.

Em 1997, Isabel Ubeda[1] e Tina Nielsen deixaram o grupo, ao mesmo tempo que Tage Larsen voltou a fazer parte dele. As apresentações de *Kaosmos* terminaram e Eugenio organizou o enterro do espetáculo. Decidiu apresentá-lo sem cenário, objetos de cena ou figurinos. Pediu que vestíssemos o que quiséssemos e entrássemos na sala branca. Duas longas mesas, arrumadas com pães, azeitonas e vinho estavam colocadas nas laterais do espaço. Os convidados eram amigos chamados ao "banquete fúnebre", que acontecia à luz da fila de velas atrás das quais estavam sentados.

Escolhi deixar os cabelos soltos, usar um vestidinho rosa com bordados brancos e um par de botinas militares com solas de couro. Foi extraordinário para mim sentir como esses sapatos tomaram conta da

As transformações dos espetáculos

---

[1] Isabel Ubeda, atriz espanhola do Odin Teatret de 1990 a 1997. Fez parte dos espetáculos de grupo *Talabot*, *Salas do Palácio do Imperador* e *Kaosmos*.

partitura da minha personagem de *Kaosmos* e a transformaram completamente, fazendo com que explodisse com uma vitalidade inesperada. Uma nova personagem nasceu da simples mudança de figurino.

Mostramos o espetáculo duas vezes em seguida: primeiro com Tina e Isabel, logo depois com Tage, que havia recebido a tarefa de usar todo o tempo da apresentação para atravessar lentamente o espaço cênico de um limite ao outro.

Eugenio deu a Tage uma tábua de madeira com a qual improvisar e mudou alguns textos, colocando alguns trechos de *O Evangelho de Oxyrhyncus*, agora compreensíveis pois não estavam traduzidos em cóptico. Chamou essa segunda versão do espetáculo de *Dentro do Esqueleto da Baleia*[2].

Das cinzas de *Kaosmos* nasceu ainda *Ode ao Progresso*[3].

Eugenio nos pediu que transformássemos em dança nossas partituras de *Kaosmos* e fizéssemos nossas personagens do espetáculo de rua *Anabasis* dançarem. Gerônimo se apropriou dessa dança. A estrutura de *Ode ao Progresso* não dava espaço a todas as minhas partituras de *Kaosmos*. Quando estava fora de cena, usava algumas das minhas partituras para reagir, sentada ou em pé, à dança dos companheiros.

Uma mesma partitura pode ser "absorvida", ou seja, executada em uma escala muito reduzida: se em *Kaosmos* levantava o braço até acima da minha cabeça, nessa situação levantava apenas o indicador, deixando a mão apoiada sobre minhas pernas. Ou talvez podia executar toda a partitura com apenas uma parte do meu corpo, os olhos, por exemplo, ou as pernas, mas sempre sentada. Em cada caso devia justificar aquilo que fazia em relação à dança dos companheiros, decidindo se era "a favor" ou "contra" aquilo que acontecia.

Seguir o fio lógico de uma partitura me dava a possibilidade de não perder a concentração e, mantendo minha mente-corpo envolvida em um diálogo com aquilo que estava acontecendo, tornar-me presente em cena.

2 *I Hvalens Skelet* (Dentro do Esqueleto da Baleia), 1997-presente. Atores: Kai Bredholt, Roberta Carreri, Jan Ferslev, Tage Larsen, Iben Nagel Rasmussen, Julia Varley, Torgeir Wethal, Frans Winther. Dramaturgia e direção: Eugenio Barba.
3 *Ode til Fremskridt* (Ode ao Progresso: Bailado), primeira versão, 1997. Segunda versão, 2003-presente. Dedicado a Malika Boussof e Susan Sontag. Atores: Kai Bredholt, Roberta Carreri, Jan Ferslev, Tage Larsen, Iben Nagel Rasmussen, Julia Varley, Torgeir Wethal, Frans Winther. Na segunda versão, faz também parte do espetáculo Augusto Omolú. Dramaturgia e direção: Eugenio Barba.

Com frequência tenho a impressão de que o ator acredita que os próprios pensamentos se tornam invisíveis atrás da espessura do seu crânio. Engana-se. O corpo do ator em cena é transparente para o espectador: se a mente do ator está vazia, o espectador não verá nada, mas se o ator está mentalmente envolvido, o espectador perceberá claramente e sua mente "dançará" com a do ator.

No fundo, é essa a tarefa do ator: fazer dançar, consigo, a mente do espectador.

Nas próximas páginas, a anotação no diário de trabalho da dança de Gerônimo criada com base nas partituras de *Kaosmos*.

Iª DANZA GERONIMO

ANITRAS DANS:

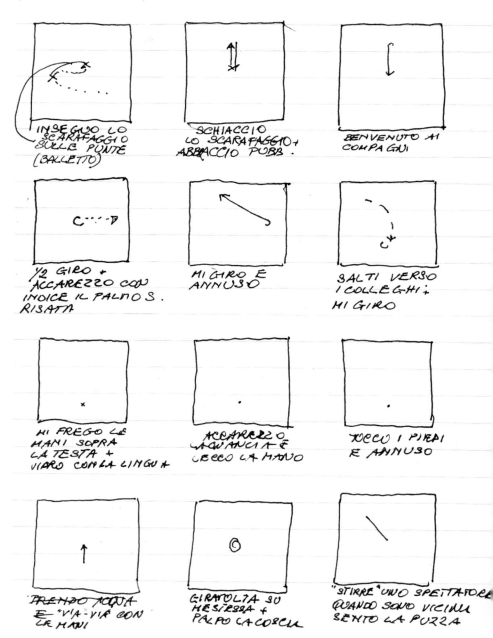

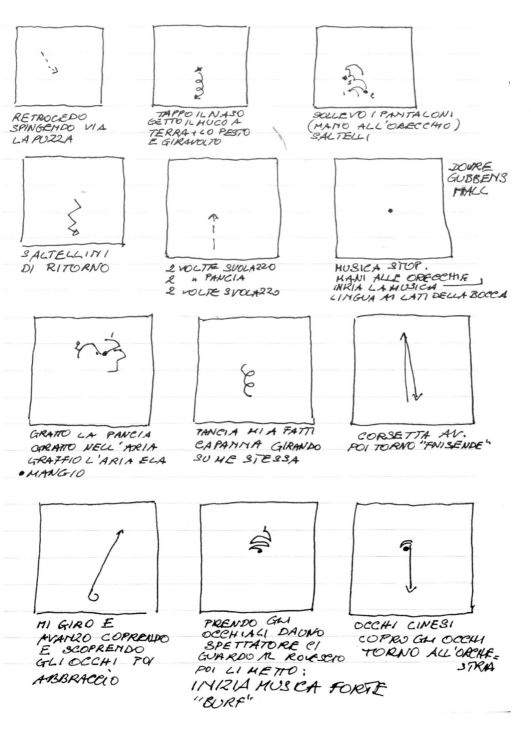

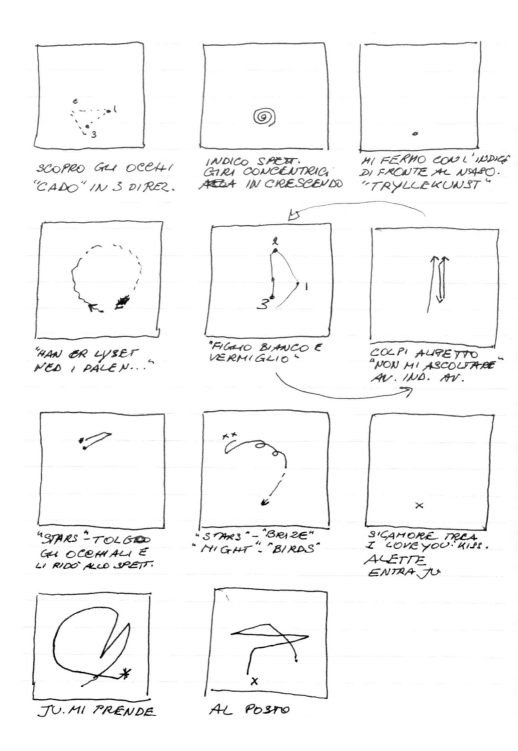

23. A Voz no Treinamento e no Espetáculo

Quando cheguei ao Odin Teatret, o treinamento vocal praticado pelos atores era baseado no que Eugenio havia aprendido no Teatr-Laboratorium de Jerzy Grotowski.

O treinamento vocal e os ressonadores

Os atores diziam um texto usando diversos ressonadores[1]: occipital, cabeça, máscara, peito, abdome. Imaginar emitir o som partindo dessas diversas partes do corpo coloria suas vozes de maneiras diferentes.

Devíamos conhecer bastante o texto que usávamos para o treinamento a ponto de não termos necessidade de nos concentrarmos para lembrá-lo. Não respeitávamos sua pontuação, não o interpretávamos. Falávamos e, quando sentíamos necessidade de respirar, inspirávamos, exatamente como acontece na vida cotidiana.

Durante os meus primeiros anos no Odin Teatret, Eugenio conduziu quase diariamente meu treinamento vocal, sem nunca mencionar técnicas de respiração.

Em Carpignano Salentino, no verão de 1974, fazíamos o treino vocal nos campos de tabaco ou à beira-mar. Diante de nós abriam-se grandes horizontes. A primeira indicação que me lembro ter recebido foi a de dizer um texto ou cantar uma canção usando a voz a todo volume.

---

1 Sobre esse assunto: Jerzy Grotowski, *Em Busca de um Teatro Pobre*. Rio de Janeiro: Civilização Brasileira, 1987. Ou, ainda, o livro de R. Temkine, *Il teatro-laboratorio di Grotowski*, Bari: De Donato, 1969, p. 144-145, e o de E. Barba, *Alla ricerca del teatro perduto*, Pádua: Marsilio, 1965, p. 143-145.

Desde os dias de minha infância, quando fui acusada de ser desafinada, era a primeira vez que voltava a cantar em voz alta.

Eugenio me pedia que projetasse a voz em direção ao sol que surgia, aos pássaros no céu, às pessoas que talvez estivessem escondidas atrás das tamargueiras, ou então seguir o ritmo das ondas do mar e das folhagens das árvores que se inclinavam ao vento.

Com nosso retorno à Dinamarca, em outubro, o treinamento vocal se retirou ao espaço fechado da sala de trabalho. O horizonte se tornou mais próximo e a sonoridade das nossas vozes mudou.

Para me ensinar a encontrar os diversos ressonadores, Eugenio me fazia falar à sua mão.

Para me ajudar a encontrar o ressonador da máscara, pedia que eu falasse à sua mão, que mantinha a dois centímetros dos meus lábios. Então a afastava progressivamente, pedindo que aumentasse, proporcionalmente, o volume da minha voz, prestando atenção em manter sempre o mesmo ressonador. Era difícil porque, instintivamente, aumentando o volume tem-se a tendência de passar para o ressonador superior. Quando Eugenio aproximava gradualmente sua mão da minha boca, o volume da minha voz diminuía e eu devia ficar atenta para não cair para o ressonador inferior. Aproximava então a mão de outra parte do meu corpo – peito, abdome, cabeça e nuca – pedindo que eu usasse o ressonador correspondente. A ação vocal era sempre a de seguir a sua mão que se deslocava, com mais ou menos velocidade, mudando de altura e distância.

Um outro exercício, no qual devia usar diversos ressonadores, consistia em improvisar, sustentando com a voz uma bolinha imaginária que voava pelo espaço. Por exemplo, se a bolinha estava sobre minha cabeça, usava o ressonador da cabeça, se estava aos meus pés, usava o ressonador do ventre (o mais baixo que eu havia encontrado), se estava longe, usava um volume alto, se estava próxima, um volume baixo.

Às vezes, Eugenio me pedia que dissesse o texto aos objetos presentes na sala, que estavam a distâncias e alturas diversas.

Para nos acostumarmos a ver o efeito de nossas ações vocais, fazia-nos trabalhar em duplas. Um ator (A) dava as costas a um outro ator (B). Com sua voz, o ator B, falando um texto que usava cotidianamente no treinamento vocal, devia guiar o corpo de A pelo espaço[2]. A ação vocal era a

---

2   Tudo isso é documentado no filme de 1972, *Treinamento Vocal no Odin Teatret*, produzido pelo Odin Teatret Film, em colaboração com os Serviços Experimentais da Rai e dirigido por

de distanciar ou aproximar de si, em diversas alturas, o companheiro no espaço. Depois mudávamos de papel, para que cada um de nós pudesse aprender não só a guiar o companheiro de forma precisa, mas também a transformar um impulso sonoro em uma reação física.

Além dos cinco ressonadores básicos, usávamos também o de nariz e o de garganta. Ambos podiam ser combinados a outros ressonadores: de cabeça, de máscara e de peito.

Para me fazer encontrar o ressonador de garganta, Eugenio me falava para imitar Louis Armstrong ou uma leoa. Para o nasal, usava a imagem de um professor pedante. Uma parte do treinamento vocal acontecia trabalhando com imagens que permitiam ao ator se deixar transportar e encontrar sonoridades desconhecidas para ele.

Um outro princípio que usava no treinamento vocal era o de "colorir" a voz, associando a ela elementos naturais: canto uma música ou falo um texto como se minha voz fosse, a cada vez, névoa, línguas de fogo ou o mar tempestuoso.

Durante os primeiros anos, fazia com frequência improvisações vocais que partiam, assim como as improvisações físicas, de um tema dado por Eugenio. A tarefa era "pintar", através das ações vocais, as imagens que o tema provocava em mim.

As improvisações vocais

Um tema podia ser "No Bazar de Istambul", onde é possível encontrar de tudo: vendedores, jovens, velhos, crianças, mulheres, ladrões, gente que canta, ri ou chora. Podem existir cães, gatos, pássaros, ratos. Eram as imagens que decidiam a qualidade da minha voz. Não devia pensar tecnicamente em como reproduzir os sons, mas me deixar levar pela fantasia, como em um jogo.

Para mim, tanto no treinamento vocal como no físico, é importante alternar momentos de grande rigor técnico e momentos lúdicos.

Para as improvisações vocais, usávamos com frequência o *volapyk* (termo que em dinamarquês indica uma língua inventada ou um jargão incompreensível), que podia conter sons que lembrassem línguas existentes, como o russo, o finlandês, o chinês.

No *volapyk*, como no gramelô usado pelos atores da *Commedia dell'Arte*, as palavras não têm um significado, mas, através da sonoridade, da melodia, da intensidade da voz, provocam associações na mente de quem as escuta.

Torgeir Wethal. A transcrição do comentário de Eugenio Barba acerca do filme pode ser lida em: E. Barba, *Teatro: Solidão, Ofício, Revolta*, Brasília: Teatro Caleidoscópio, 2010.

O essencial é realizar ações vocais precisas para permitir, também a quem não entende o sentido das palavras, captar a mensagem oculta nelas.

Sabemos que noventa por cento da comunicação acontece de forma não verbal. O tom e a melodia usados para pronunciar uma frase podem transmitir uma mensagem exatamente oposta ao significado semântico daquilo que é dito. Na vida cotidiana, esse fenômeno não é raro.

A perda da língua comum   Quando o Odin Teatret deixou a Noruega, perdeu a língua comum entre atores e espectadores. Tornou-se, portanto, mais que nunca, necessário um trabalho consciente sobre o poder evocativo da voz. O dinamarquês é uma língua diferente do norueguês e os atores que haviam seguido Eugenio à Dinamarca não conseguiam perder seu forte sotaque. Eugenio decidiu, por isso, não fazê-los falar dinamarquês em cena. Ao contrário, tanto em *Kaspariana*[3] como em *Ferai*[4] obrigou os atores dinamarqueses a falarem norueguês. Mas essa escolha também não deu resultados satisfatórios: falando uma língua estrangeira, eles também tinham sotaque.

A partir dos anos de 1970, passaram a fazer parte do Odin Teatret atores de diversas nacionalidades. Cada vez que Eugenio começava a trabalhar em um novo espetáculo, tentava encontrar uma solução ao problema da falta de uma língua comum, tanto entre os atores como com o público.

No primeiro espetáculo, *Ornitofilene*, os atores falavam norueguês, enquanto que no segundo, *Kaspariana*, e no terceiro, *Ferai*, falavam em diversas línguas escandinavas.

Para *A Casa do Pai*, fez os atores falarem um *volapyk* que aos ouvidos podia lembrar o russo.

Em *Vem! E o Dia Será Nosso*, os atores falavam inglês, sioux, cheyenne, quiché e objiwa.

Em *Cinzas de Brecht*, Eugenio decidiu que Mac Navalha (Tage Larsen) traduziria, para a língua do lugar onde o espetáculo fosse apresentado, as observações de Bertolt Brecht (Torgeir Wethal), que falava sempre em alemão. Cada vez que mudávamos de país e língua, precisávamos de pelo menos uma semana de ensaios.

3   *Kaspariana*, 1966-1968. Atores: Jan Erik Bergström, Anna Trine Grimnes, Lars Göran Kjellstedt, Else Marie Laukvik, Dan Nielsen, Iben Nagel Rasmussen, Torgeir Wethal. Texto de Ole Sarvig. Adaptação e direção: Eugenio Barba.
4   *Ferai*, 1969-1970. Atores: Ulla Alasjärvi, Marisa Gilberti, Juha Häkkänen, Sören Larsson, Else Marie Laukvik, Iben Nagel Rasmussen, Carita Rindell, Torgeir Wethal. Texto de Peter Seberg, adaptação do grupo. Direção: Eugenio Barba.

Para evitar esse problema, no espetáculo seguinte, *O Evangelho de Oxyrhyncus*, Eugenio decidiu traduzir todo o texto, que tinha escolhido com muito cuidado, para o copto e para o grego koiné: duas línguas mortas que eram faladas na região do Egito onde foram encontrados os rolos de evangelhos gnósticos. Dessa forma, os espectadores de todos os países tinham em comum o fato de não entenderem o significado semântico das nossas palavras. Os espectadores tinham também, à sua disposição, o programa do espetáculo, que trazia a tradução de todo o texto na língua do lugar onde estava sendo apresentado.

Em *Kaosmos*, no entanto, Eugenio decidiu que cada ator falaria sua língua materna. Tínhamos, portanto, um espetáculo no qual se falava espanhol, inglês, italiano, dinamarquês e norueguês, e apenas fragmentos de alguns textos eram traduzidos para a língua local.

O elenco de *Mythos* era, em sua maioria, dinamarquês e o espetáculo era em grande parte baseado em textos do poeta dinamarquês Henrik Nordbrandt, por isso o dinamarquês foi a língua mais utilizada, ainda que eu continuasse a falar italiano e Julia, inglês. Inicialmente, Eugenio escolheu traduzir todo o texto em cinco línguas: dinamarquês, francês, inglês, espanhol e italiano, que eram utilizadas de acordo com o país em que nos encontrássemos. Mas depois de um ano ficou claro que o ritmo do espetáculo era muito afetado por essas mudanças de língua e Eugenio decidiu traduzir na língua local apenas alguns textos breves, indispensáveis para compreender elementos dramaturgicamente essenciais. A mesma estratégia foi usada para *O Sonho de Andersen*[5].

No início dos anos de 1970, Holstebro era uma pequena cidade com cerca de vinte e dois mil habitantes, no entanto possuía uma biblioteca na qual já era possível pegar emprestado não apenas livros, mas também discos. Além da grande coleção de música folk, pop, jazz, rock, clássica, lírica, de câmara e musicais, havia também uma sessão que me intrigava, dedicada a músicas provenientes de todo o mundo. Comecei assim a experimentar o fascínio por harmonias que não pertenciam à minha cultura. Quando depois participei das sessões da Ista, escutando

Vozes de longe

---

5 *Andersens Drøm* (O Sonho de Andersen), 2004-presente. Dedicado a Torzov e ao Doutor Dappertutto. Atores: Kai Bredholt, Roberta Carreri, Jan Ferslev, Donald Kitt, Tage Larsen, Augusto Omolú, Iben Nagel Rasmussen, Julia Varley, Torgeir Wethal, Frans Winther. Dramaturgia e direção: Eugenio Barba.

cantos, sons e melodias dos músicos balineses, chineses, indianos e japoneses, essa atração consolidou-se.

Um dia, um jovem médico objetor de consciência no Odin Teatret, sabendo da minha fascinação pelos cantos de outras culturas, me disse que, anatomicamente, não existe diferença nenhuma entre a laringe e as cordas vocais de um chinês, de um africano, de um esquimó e as de um italiano: são iguais. Portanto, todos os sons que eu escutava existiam potencialmente também dentro de mim. Eu devia apenas encontrá-los, e o treinamento vocal se tornou o espaço para essa pesquisa. Durante o meu treinamento vocal, escutava os discos emprestados da biblioteca e imitava as vozes dos cantores. O meu propósito não era, claro, me tornar uma especialista nas técnicas vocais utilizadas na Ópera de Pequim ou no Kabuki; queria apenas encontrar em mim aqueles sons específicos para ampliar, assim, meu leque de possibilidades.

No início dos anos de 1980, John Hardy[6] nos revelou a existência dos harmônicos, uma técnica praticada nos cantos dos pastores de Tuva, uma região da Sibéria centro-meridional, nos limites com a Mongólia. As vozes de Tuva são chamadas "de cristal". A expressão não deriva do fato de cantarem com vozes agudas ou em falsete, mas por serem capazes de produzir, junto ao som de suas vozes, também um outro som acima delas: o harmônico. Esse som é como aquele produzido ao friccionar com a ponta dos dedos molhados a borda de um copo de cristal. Os harmônicos podem ser muito fortes e, às vezes, semelhantes a uma flauta que soa paralelamente à voz humana.

Em 1997, Eugenio escolheu usar os harmônicos para criar o universo sonoro de *Mythos*. Para isso, convidou a Holstebro além do grupo Altai Hangai (composto de músicos mongóis que havia encontrado em Amsterdã), Tran Quang Hai[7] e Michael Vetter[8], para que nos ensinassem suas técnicas para emissão de harmônicos.

---

6   John Hardy, músico, compositor e ator do Cardiff Laboratory Theatre.
7   Tran Quang Hai, músico vietnamita que, a partir dos anos de 1970, apropriou-se das técnicas do *khoomeilakh*, o canto dos harmônicos ou difonia praticado em Tuva e na Mongólia, tornando-se um dos maiores especialistas do mundo.
8   Michael Vetter, músico autodidata alemão que, a partir dos anos de 1970, ocupou-se dos desenvolvimentos das diversas possibilidades expressivas vocais (a pesquisa da "música intuitiva" ou da "música da linguagem"). Depois, especializou-se no uso da técnica dos harmônicos, compondo um Oratório Harmônico, que executou em diversas igrejas na Europa.

Durante a criação dos espetáculos no Odin Teatret, trabalhamos com ações físicas e vocais. Podemos decidir que as ações vocais sigam as ações físicas que, por sua vez, podem seguir as ações descritas no texto.

Por exemplo, no primeiro monólogo de *Judith*, quando digo: "Nabuco- donosor mandou chamar Holofernes, general supremo de seu exército e disse a ele: 'Vá e ocupe todo o território dos rebeldes'", deixo que a ação vocal e a ação física aconteçam, paralelamente, seguindo a ação descrita pelo texto.

A voz de Judith

Digo: "Vá", usando o ressonador da máscara e projetando a voz longe, enquanto aponto para frente.

E então: "E ocupe". Ocupar significa afirmar que esse lugar me pertence; assim escolho pronunciar as palavras com o ressonador do peito, baixando o volume da voz enquanto aponto para o chão.

E ainda: "Todo o território dos rebeldes", delimitando o território com o círculo que faço com a melodia da minha voz, enquanto traço um círculo no ar com o indicador direito.

Posso também decidir "colorir" com a voz uma única palavra da frase. Por exemplo, quando digo: "(Judith) despojou-se de suas vestes de viúva, lavou o corpo com água e o ungiu com perfume denso", a palavra "água" desperta em mim a sensação de água fria que escorre ao longo de minhas costas. Deixo, assim, a associação "colorir" o modo como pronuncio essa palavra.

"Vá…";

"… e ocupe".

"Lavou o corpo com água…"

Para "perfume denso" escolho uma voz grave, espessa, pesada, como imagino que seja o perfume do qual falo.

Em um outro momento, digo: "Vestiu as roupas de festa, envolveu-se com colares e colocou braceletes". Imagino que os braceletes sejam de prata e penso na expressão italiana "uma risada prateada". Assim, quando pronuncio a palavra "braceletes", a envolvo em uma risada prateada.

Posso decidir conter a palavra mais importante de uma frase ao invés de dizê-la em voz alta. Quando Judith diz: "Os anciãos de Betúlia decidiram resistir ainda cinco dias e então, se o Senhor Deus não mostrasse sua misericórdia, eles se entregariam", escolho pronunciar a palavra, que é a mais importante para mim, "misericórdia", a um volume mais baixo que as outras, obrigando o espectador a se esforçar para escutá-la com mais atenção.

Coloro apenas algumas palavras do texto para colocá-las em evidência e quebrar a monotonia. Se colorisse todas as palavras correria o risco de criar um inferno cacofônico.

O meu objetivo é construir um ritmo que contenha fraseados, ou seja, variações de intensidade, velocidade e volume, úteis para dar ao texto uma dinâmica viva.

"Fraseado" é uma palavra essencial tanto no mundo da música quanto no trabalho com o texto e as ações.

24. Sal[1]

Depois da nossa colaboração para a demons- A quarta estação
tração de trabalho *Os Ventos que Sussurram no Teatro e na Dança*[2] (apre- do treinamento
sentada na Ista de Copenhague, em 1996), despertou em Jan Ferslev[3] e
em mim o desejo de continuar a explorar a história da personagem que
dela havia derivado: uma mulher que, com um embrulho, embarcava
em um navio. A exploração desse tema, que se tornou nossa forma de
treinamento por cinco anos, não tinha nada a ver com os exercícios
físicos dos meus primeiros anos. Agora, eu me movia na quarta estação
do meu treinamento.

Nas pausas entre uma turnê e outra, entrávamos na sala branca e,
enquanto Jan aprendia a tocar novos instrumentos como a harpa ou
a gaita-de-fole, o bandolim ou o *acquafono*, eu praticava exercícios de
aquecimento. Depois, enquanto Jan compunha suas melodias improvisando com os instrumentos, eu criava danças e sequências de ações
sobre suas notas. À noite explorava minha biblioteca, buscando repro-
duções de pinturas para criar sucessões de imagens unindo umas às

1   *Salt* (Sal), 2002-presente. Atores: Roberta Carreri e Jan Ferslev. Texto de Antonio Tabucchi.
    Adaptação cênica e direção: Eugenio Barba.
2   *The Whispering Winds in Theatre and Dance* (Os Ventos que Sussurram no Teatro e na
    Dança), 1996-presente. Atores: Roberta Carreri, Iben Nagel Rasmussen, Julia Varley,
    Torgeir Wethal. Músicos: Kai Bredholt, Jan Ferslev, Frans Winther.
3   Músico e ator dinamarquês ingresso no Odin Teatret em 1987. Desde então, além de *Sal*
    e *Itsi Bitsi* (no qual atua com Kai Bredholt e Iben Nagel Rasmussen), participou de todos
    os espetáculos de grupo. Kai Erik Bredholt, também dinamarquês, é músico e ator do
    Odin Teatret desde 1988. Após *Itsi Bitsi*, participou de todos os espetáculos de grupo.

outras através de sequências de ações. Partindo do tema da nostalgia, encontrei alguns textos de Fernando Pessoa e de Jeanette Winterson para sobrepor às partituras físicas ou às danças que havia criado seguindo as músicas de Jan.

Durante as turnês ao estrangeiro, Jan havia comprado alguns instrumentos específicos e eu, alguns objetos que, a meu ver, transpiravam nostalgia: uma pequena mala de papelão e um bonequinho de celuloide; uma velha cadeira de jardim, de ferro batido; uma garrafinha de cristal facetado; uma cafeteira portuguesa; um chapéu adornado de plumas; dois grandes xales de seda bordados, um branco e um preto. No sótão do Odin Teatret, havia encontrado um grande livro forrado de veludo, uma bengala de passeio, que escondia dentro de si uma longa lâmina, e um véu de noiva.

Introduzi lentamente esses objetos nas partituras físicas e vocais que havia criado, deixando que surgissem associações inesperadas.

Depois partíamos novamente em turnê e, enquanto prosseguíamos a ritmo total com todas as atividades do Odin Teatret, em mim e em Jan continuava a amadurecer a figura da mulher que embarca com seu embrulho.

Após três anos, o nosso trabalho chegou a um beco escuro. Não conseguíamos encontrar uma história com a qual trespassar, como o fio de um colar de pérolas, as cenas da nossa montagem. Buscamos ajuda.

Todos os anos sou responsável pela organização de uma (às vezes duas) Odin Week, em que cinquenta participantes têm a possibilidade de conhecer a fundo o trabalho de nosso grupo, participando do treinamento e assistindo às demonstrações de trabalho e aos espetáculos. Todos os dias acontecem também um encontro com Eugenio e outro com um dos atores, chamado The Odin Tradition. Durante as Odin Week de 1998, 1999 e 2000, Jan e eu escolhemos apresentar, como *work in progress*, a nossa montagem sobre o tema da nostalgia. Ao fim da apresentação, pedíamos aos espectadores que narrassem a história que associavam àquilo que haviam visto. As respostas eram diversas, mas nenhuma convincente o bastante.

No decorrer dos anos, Eugenio vira nosso material muitas vezes e havia nos dado conselhos sobre como prosseguir com o trabalho.

Na Odin Week de fevereiro de 2001, quando, após a apresentação de nossa montagem, um dos participantes perguntou por que Eugenio não a transformava em um espetáculo, respondi que com certeza ele não tinha tempo.

Essas palavras chegaram aos ouvidos de Eugenio que, na Odin Week seguinte (que excepcionalmente aconteceu apenas duas semanas depois), quis ver como nosso trabalho havia se desenvolvido. Jan e eu tínhamos mais de uma hora de material que incluíam danças, textos, músicas, iluminação, objetos de cena, cenografia e figurinos. Nossa montagem havia se tornado como uma planta que, crescendo, tinha encontrado o teto: ou a levávamos para fora ou corria o risco de morrer.

Holstebro, 5 de março 2001   Do diário de trabalho
Os comentários de Eugenio depois de ter visto a apresentação da nossa montagem foram os seguintes:

Os materiais partem de um trabalho feito com os objetos em nível externo.

Devem fazer improvisações com um processo interior.

O que vejo agora é virtuosismo, o material em si não emerge.

O que vejo é um filme já estruturado em ações e reações.

Todas as cenas são curtas demais, vocês devem fazer uma cena que permanece igual, mas que no final ocorra uma pequena mudança que transforma tudo.

Vocês têm de trabalhar as variações.

Têm de desenvolver o ritmo da abertura.

É possível construir um espetáculo realizando apenas um processo acústico? Pensem em uma dramaturgia sonora de Hamlet, criem um tema e então introduzam variações sobre o tema na cena.

Trabalhem tecnicamente: encontrem um tema partindo das imagens, por exemplo: o que associo sonoramente ao mar?

Associações sonoras e associações visuais.

Posso narrar uma história apenas visualmente?

Que história pode ser?

Vocês são os contadores de história e cada episódio tem um prólogo.

Pensem no número de abertura.

Cada cena deve ter um prelúdio, e o prelúdio pode ser rítmico (mas por que rítmico?).

Depois devem surgir as associações. Do material chega-se à primeira sinopse.

O fato de não existir uma conexão entre os episódios traz uma impressão de loucura, ou de ritual. Nesse caso, para quem ou contra o que realizo o ritual?

Descubra como usar a mala para não deixar que seja apenas uma mala.

Quando se trabalha às cegas, para evitar a monotonia, é preciso ter material de diversas consistências.

Naquele mesmo mês, Eugenio havia reunido todos nós atores em seu escritório para nos contar qual seria o tema do novo espetáculo de grupo, que três anos mais tarde se transformaria em O Sonho de Andersen.

Em abril, Eugenio comunicou a Jan e a mim sua vontade de transformar nossa montagem em um espetáculo. A história seria extraída de *Está Ficando Tarde Demais*[4], "romance em forma de cartas", de Antonio Tabucchi. Há tempos Jan e eu esperávamos que Eugenio tomasse a decisão de intervir em nosso trabalho. O período de dificuldade e impotência, quando não encontrávamos a história, foi, em todo caso, uma experiência importante para nós.

Também *Sal*, como os espetáculos que Eugenio cria com todo o grupo, teve origem em um tema (o tema da nostalgia que Jan e eu havíamos explorado juntos) e não apenas em uma colagem de materiais criados a partir do treinamento físico, como havia acontecido com *Judith*, cujo tema foi encontrado por Eugenio apenas um mês antes da estreia.

Do momento em que Eugenio decidiu realizar *Sal* ao dia da estreia, passaram-se dezoito meses, durante os quais havíamos continuado a fazer turnês com *Mythos*, *Dentro do Esqueleto da Baleia*, *Ode ao Progresso* e a reapresentar todos os espetáculos solos, as demonstrações de trabalho, as oficinas e nossos projetos grandes como a Festuge, a Ista e a Odin Week.

Uma nova viagem à África

Nesse meio-tempo devíamos ainda criar material para O Sonho de Andersen, o que podia incluir viagens e períodos de pesquisa fora de casa. Por essa razão, em julho de 2002, Torgeir e eu fizemos uma viagem a Zanzibar para assistir ao quinto Festival of the Dhow Countries, que acontecia em Stone Town. Voltava à África após exatamente vinte anos, dessa vez não para mostrar as minhas danças, mas para aprender com eles.

---

[4] Antonio Tabucchi, *Está Ficando Tarde Demais*, Rio de Janeiro: Rocco, 2004. O texto do espetáculo é baseado na "Carta ao Vento", contida nas páginas 216-220.

Mais uma vez, às vésperas dos ensaios de um espetáculo de grupo, sentia a necessidade de apropriar-me de uma nova técnica. Fazia aula duas horas por dia com Zuhira e Jannette, duas jovens que havia visto dançar com seu grupo durante o festival. O que me impressionava em sua dança era a enorme mobilidade dos quadris e a agilidade das pernas. Saltavam como se o chão fosse um trampolim e em seus passos existia uma grande elasticidade. Esse universo físico era completamente desconhecido para mim.

Para entender em quanto tempo criamos *Sal*, tenho que olhar minhas agendas de 2001 e 2002. Da montagem ao espetáculo

2001: agosto, duas semanas; setembro, duas semanas.

2002: março, três semanas; abril-maio, quatro semanas; junho-julho, três semanas; agosto-setembro, duas semanas.

Em um total de dezesseis semanas de trabalho, Eugenio transformou nossa montagem em um espetáculo com oitocentos quilos de cenografia. Ao mesmo tempo, na sua mente e na dos atores, crescia o embrião de *O Sonho de Andersen*.

A elaboração do material de *Sal* foi particularmente dolorosa para mim. Talvez porque, quando o diretor interferiu, o processo de criação já estava muito avançado. Jan e eu estávamos já apegados às soluções que havíamos encontrado. Textos, objetos, instrumentos musicais, elementos cenográficos e canções que amávamos eram eliminados por Eugenio. Resultado: insegurança. Tínhamos diante de nós apenas perguntas e novas tarefas.

Pela primeira vez após quinze anos, confrontava-me com um texto relativamente longo. Essa era uma necessidade que nutria há muito tempo. O texto

Eugenio, nos espetáculos, fica incomodado ao me ouvir falar em línguas estrangeiras. Prefere que me expresse em minha língua materna. Consequentemente, os espectadores muitas vezes não entendem o que digo. Por essa razão, com muita frequência, canto meus textos. Na cor do canto reside a mensagem emotiva das palavras.

Durante os ensaios de *Sal*, experimentava diversos modos de falar um mesmo texto:

- seguindo a música de Jan, mas sem cantá-la (mantendo a melodia nos tons da voz falada);

- criando com a voz uma sequência fixa de ações vocais;
- ignorando a música de Jan e falando o texto o mais rápido possível, mas o mantendo perfeitamente compreensível;
- executando uma série de ações criadas a partir de algumas esculturas de Rodin para sublinhar o sentido do texto;
- absorvendo todas as ações físicas e deixando que Jan seguisse a dinâmica do meu texto com sua música.

Para cada trecho do texto, buscava uma estratégia para evitar o que Eugenio chamava de minha "voz de manteiga". Não entendia exatamente o que queria dizer com essas palavras. Era claro, porém, que devia encontrar outras dinâmicas vocais. Eis algumas das estratégias que usamos para encontrá-las:

Um dia, Eugenio me dá o tema para uma improvisação vocal e me pede que a decore. No dia seguinte, ele me faz repetir um texto em inglês de Jeanette Winterson, que havia utilizado na montagem com Jan, pedindo que usasse a melodia da improvisação vocal do dia anterior. Longo processo, que dura horas.

Devo então aplicar o resultado a um trecho de Tabucchi, em italiano. Usamos uma tarde inteira para registrar as inflexões de cada palavra do texto da cena que chamamos de *Samarcanda*. Um trabalho extenuante. Depois devo memorizá-lo: aprender bem o bastante para poder, em seguida, "esquecê-lo".

O que sobrar será o essencial.

Uma outra vez, Eugenio me pede que faça uma improvisação vocal sobre o tema "O gato ronrona na rua", e que a memorize. Então, devo aplicar o resultado, modulando-o sobre um outro texto e, em seguida, justificar os sons da improvisação original no novo contexto, escolhendo as associações que quero despertar nos espectadores através das inflexões da minha voz.

Nas pausas entre os períodos de trabalho em *Sal*, aconteciam turnês com outros espetáculos e eu passava horas e horas buscando novas formas de dizer os textos.

Cada vez que recomeçávamos os ensaios, Eugenio cortava uma frase aqui, uma palavra ali. Cotidianamente. Era difícil lembrar-me de não falar uma palavra dita tantas vezes e que já fazia parte de uma melodia interna. Era como saltar uma frase em uma narrativa.

"Não deixe a voz plana!", "Realize as ações vocais!", dizia Eugenio. Era exatamente isso que eu acreditava estar fazendo, mas o resultado da minha "tradução" das ações físicas (por exemplo, atirar uma pedra) em ações vocais não era o esperado: repetia meus clichês.

Maio de 2002, nova pausa no trabalho de *Sal*: turnê com os outros espetáculos. Ao fim de junho, retomamos o trabalho. Eugenio muda nossa cenografia: quer um círculo de estrelas suspenso no centro do espaço e faz ser construído um círculo de cobre com um diâmetro de três metros, montado com lâmpadas alógenas.

Jan e eu usávamos apenas velas para iluminar nossa montagem. "Como justificar a presença de velas no espetáculo?", pergunta Eugenio. Ao fim, restará apenas a vela que Jan acende no início do espetáculo e que brilhará todo o tempo sobre a mesinha à qual se senta.

Por um certo tempo, mantínhamos as luzes da ribalta: uma fila de copos cheios de água nos quais flutuavam pequenas velas acesas. Eugenio quer que ao fim do espetáculo as velas se apaguem sem nossa intervenção direta. Para abafar as chamas, tivemos a ideia de uma barra furada que, girando, faz cair uma chuva de sal. Poucos dias depois os copos com as velas foram cortados, mas a cortina de sal permanecera para fechar o espetáculo.

Eugenio diz que o figurino de Jan deve ser um terno branco com um chapéu Panamá. Seu rosto deve ser oculto por um véu, como o de um morto; quando, ao fim do espetáculo, Jan o romper, Eugenio quer ver seu rosto coberto de vermes. Realmente tentamos colocar vermes sob o véu. Por sorte, os vermes não sobreviviam por muito tempo na jarra onde os conservávamos, e Jan foi liberado desse sofrimento. A personagem de Jan Ferslev

Meses depois, Eugenio exclui o véu do rosto de Jan, mas o faz tocar de costas para o público. Depois o vira de frente para o público de novo, colocando-o, porém, fora do tapete de dança que delimita meu espaço e pede a ele que mantenha a cabeça sempre baixa, de forma a cobrir o rosto com a aba larga do chapéu.

Eugenio diz: "A música de Jan é a voz de sua personagem. Esta é a história de uma mulher que busca seu amante: fugiu? Morreu? Suicidou-se? Esta é a história de um fantasma que ama uma mulher".

Por muito tempo, Eugenio luta para inserir uma carta no espetáculo. Faz-me pegá-la de um bolso do casaco e lê-la como introdução do espetáculo. Faz-me encontrá-la dentro de um livro. Faz-me arrancar da mala uma fileira de cartas atadas por uma linha vermelha. Na versão

Nesta página e na seguinte, páginas do diário de trabalho de *Sal*: justaposição de um texto sobre sequência de ações criada a partir de estátuas de Rodin e imagens de crucificações.

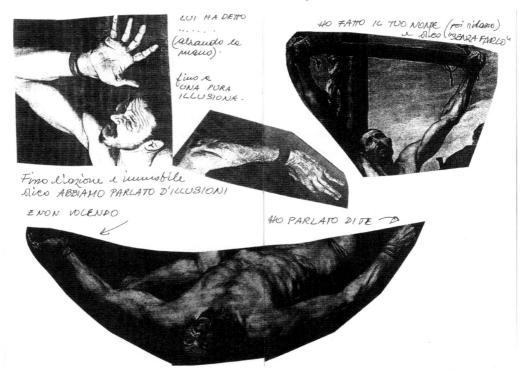

E LUI MI HA DETTO... (metto in posizione —
PERCHÈ AVEVA SUTURATO. (indico più a s.)
UN GIORNO (guardo Jan)
CHE TI TAGLIASTI I POLSI (gli tocco il polso)
NON LO SAPEVO (lo dico velocemente andando
                in posizione)
E CIÒ MI HA
COMMOSSO. (mi spogo
ancora di più)

HO PENSATO CHE
IN LUI AVREI
TROVATO UN POCO
DI TE PERCHÈ AVEVA
CONOSCIUTO IL TUO SANGUE
(il livido arriva all'estremo)

E GUARDO JAN.
(il resto lo dico
a lui in confidenza)

COSÌ L'HO
SEGUITO NELLA
SUA PENSIONE (mano al
petto)
SI CHIAMAVA THALASSA

ERA IN FONDO SUL
LUNGOMARE (indico
il litorale davanti a
me - tavolino)

ED ERA
SQUALLIDA

ABITATA DA TEDESCHI
CHE ..... IN GRECIA

LUI ERA GENTILE (mano
s. in posizione)
SI È SPOGLIATO CON PUDORE
(mi giro e mano s. alle
nubi)

E AVEVA UN MEMBRO....
(piano apro la mano s.
e guardo attraverso le
dita).
COME .... ATENE

NON VOLEVA TANTO
UNA DONNA, (scopro
il viso certo)
HA SOPRATTUTTO PAROLE
PAROLE DI CONFORTO
(mentre accarezzo
le gambe).
- copro il ginocchio
con la mano sn -
PERCHÈ ERA INFELICE
(vado coll'indice sn
alla bocca).

E IO HO FINTO
(andando in su)
con la braccia
PER UMANA PIETÀ

comincio ad alzarmi
su:
E UNA
LUCE DI
COMPLICITÀ
È BRILLATA
NEI SUOI
OCCHI

COME SE MESSA
CAPITO

COME SE SAPESSE
CHI ERO.

E CHI
CERCAVO

CHE CERCAVO TE
(mi giro verso Jan).

...e poi tutto come il solito -

final restará apenas a carta que Jan encontrará, ao fim do espetáculo, na faixa de sal que nos separa dos espectadores. Uma carta repleta do sal das minhas lágrimas.

Crio novos materiais improvisando a partir dos temas que Eugenio me deu. Mais uma vez, para fugir dos meus clichês, memorizo imagens de pinturas e de esculturas que uso como base para a criação de sequências de ações. Eu as memorizo e Eugenio as corta em fragmentos sobre os quais adiciona frases.

Preciso de tempo para memorizar a nova versão do texto com as novas ações, físicas e vocais. Mas os cortes cotidianos de Eugenio, implacáveis, tornam o texto mais uma vez um estranho para mim: devo "pensá-lo" continuamente e devo pensar as ações. A montagem nunca chega a tornar-se "orgânica" porque não consigo assimilá-la antes que seja alterada mais uma vez. A frustração impera. Raúl Iaiza[5] é o assistente de direção. Sua paciência e sua competência musical foram indispensáveis para a realização de *Sal*.

O espetáculo passa por inúmeras metamorfoses e nos leva para onde não havíamos imaginado. Paralelamente, também a cenografia muda.

Durante os ensaios, o grande círculo de cobre montado com lâmpadas alógenas, que havia sido pensado, construído e inserido no espaço, foi eliminado. Uma harpa com cordas que "partiam-se" sozinhas foi idealizada e construída a um preço caro, usada por um período de ensaios e depois descartada. Assim como foram esquecidas horas de improvisações quando, em certas passagens, para melhor colocar em evidência o texto, foi preferida uma quase imobilidade. Das sete malas que usava originalmente (e que constituíam a cenografia de onde brotavam todos os outros objetos que usava na montagem original), sobrou apenas uma: a menor. Metade dos instrumentos que Jan havia aprendido a tocar em horas e horas de exercícios não fez parte da versão definitiva de *Sal*.

Desperdício?

O poeta escreve mil páginas para poder publicar um livro de cem. Desperdício?

Talvez o desperdício seja o nosso método.

---

5 Raúl Iaiza, flautista e diretor argentino, fundador, em Milão, em 1994, do grupo teatral La Madrugada. Além de *Sal*, foi assistente de direção de Eugenio Barba em outros dois espetáculos: *O Sonho de Andersen* (2004-presente) e *Don Giovanni no Inferno* (2006-presente), para o qual também escolheu e cuidou da orquestração das músicas de Mozart.

25. Metamorfoses

Não imaginava que o resultado da criação de *Pegadas na Neve*, em 1988, seria a interrupção do treinamento por um longo período. Hoje posso reconhecer que foi a consequência lógica de tê-lo "espetacularizado" em *Judith* e na demonstração de trabalho. Essa pausa me foi muito útil. O tempo, que antes reservava ao treinamento, agora dedicava à organização das minhas turnês individuais, algo novo para mim. Aprendi a escrever à máquina, a fazer orçamentos, a formular propostas.

Quando aceitei escrever este livro, não sabia que as fotos de *Pegadas na Neve*, de Guendalina Ravazzoni, documentariam minha última execução de exercícios físicos em *slow motion*. Os sérios problemas nas costas começaram em janeiro de 2006, durante nossa turnê em Copenhague com *O Sonho de Andersen*. Uma ressonância magnética revelou a causa: uma hérnia de disco entre a quinta e a sexta vértebras dorsais. Uma coisa bastante rara. A queda de Gerônimo da corda em Århus, em 1979, fazia sentir de novo suas consequências. Crise. Como continuar a fazer *Judith*, *Pegadas na Neve* e todos os outros espetáculos?

Durante a Odin Week de setembro de 2006 tive que rever tudo o que fazia nos espetáculos para adaptar as partituras à minha nova condição física. Tinha medo que as mudanças que era obrigada a fazer comprometessem o poder de impacto dos espetáculos. Minha moral estava no chão. Hoje reconquistei meu lugar em todos os espetáculos. Os velhos mestres do teatro Nō ensinavam que é preciso estar presente noventa por cento naquilo que se está fazendo e estar dez por cento consciente daquilo que ocorre ao redor. A isso tive que adicionar um dez por cento a mais para estar atenta a não fazer mal a mim mesma.

O sentido do treinamento muda com os anos, pois as necessidades do grupo e de cada ator se transformam com o passar do tempo.

Durante os primeiros anos no Odin Teatret, o treinamento foi apresentado a mim como um confronto cotidiano com tarefas que não sabia executar. No aprendizado dos exercícios de acrobacia ganhei a medida não apenas dos meus limites, mas da minha vontade de superá-los. A estrada do aprendizado era pavimentada de dores físicas e lágrimas de impotência.

Hoje, em retrospectiva, posso reconhecer como esse processo traz em si uma das essências do treinamento: por meio da repetição cotidiana, além de descobrir em mim novas e inesperadas energias e desenvolver uma maior inteligência física, afirmava a minha necessidade de estar exatamente onde eu estava.

Mais tarde, o treinamento tornou-se meu jardim secreto, o espaço no qual podia dar vazão à minha necessidade criativa, realizando as ideias e aspirações para as quais Eugenio não encontrava espaço nos espetáculos de grupo. No meu jardim secreto nasceram todos os materiais dos quais tiveram origem os espetáculos individuais.

Ainda hoje, mesmo passando cada vez mais tempo sentada ao computador no meu camarim, o treinamento continua a ter para mim essa conotação de "luxo pessoal", um tempo de pesquisa dedicado ao próprio crescimento.

No grupo existem ótimos atores, como Torgeir Wethal, que não fazem mais treinamento há muitos anos.

Ser ótimo no treinamento não significa, necessariamente, ser bom ator, exatamente como ser um ótimo ator não significa, necessariamente, ser um bom professor.

O treinamento é uma base para o ator, como o fato de saber usar martelo e cinzel é a base para um escultor. O ator deve então conseguir usar as habilidades adquiridas em treinamento para tornar crível a própria presença em cena, assim como o escultor usa sua habilidade em manejar o martelo e o cinzel para criar esculturas que existam eternamente em vida. Mas não são todos os escultores que sabem manejar martelo e cinzel que alcançam esse objetivo, assim como nem todos os atores que são bons no treinamento têm credibilidade em cena.

O treinamento, além disso, contribuiu para manter unido o grupo em períodos em que não existia espetáculo a ser apresentado: como em 1966, quando o Odin Teatret se transferiu da Noruega para a Dinamarca; ou em 1974, quando deslocou-se por cinco meses para Carpignano Salentino, na Itália. Em abril de 1979, a dois dias da partida para a Alemanha com *Cinzas de Brecht* (que havíamos apenas acabado de montar), Else Marie abandonou o espetáculo. Com o anúncio desesperado de Eugenio, que nos deixou livres para fazer o que quiséssemos pelo resto do dia, decidimos entrar em sala para treinar. Executar ações concretas nos ajudou a reagir ao choque.

Além de me ensinar a superar os meus limites imediatos, o treinamento me acostumou a modular as ações e a me colocar em relação com espaço, a música e os outros atores. Também tornou maleável a minha mente-corpo, permitindo-me responder o mais adequadamente possível aos pedidos do diretor.

Sem dúvida, em um certo tipo de teatro, o treinamento é fundamental. Mas foi durante os ensaios que Eugenio, efetivamente, formou seus atores, com uma paciência que considero ainda hoje extraordinária, ainda que gesticular e gritar não sejam alheios ao seu temperamento como diretor.

A finalidade do treinamento é ajudar o ator a ter credibilidade em cena, realizando ações de maneira real e não mecânica, ou seja, evitando a mera *repetição*, mas habitando a cena, modulando-a, fraseando, desfrutando. Se o ator não tiver prazer naquilo que faz, o espectador não terá prazer ao assisti-lo.

O treinamento é uma longa peripécia para fazer desaparecer a dicotomia mente/corpo, pensamento/ação e, desse modo, sentir-se dono da situação e poder jogar com a atenção do espectador, estimulando seus sentidos e sua imaginação.

Quando comecei a treinar, eu *pensava o meu corpo*, ou seja, devendo mover o cotovelo pensava na ação e depois minha mente dava ao cotovelo o impulso para mover-se; chegava mesmo a olhá-lo para me dar conta de como reagia ao meu pensamento.

Com o passar do tempo, adquiri a capacidade de *pensar com meu corpo*, ou seja, traduzir imediatamente as intenções em ações.

Uma vez atingida essa identidade entre corpo e mente, fui, em seguida, levada a *pensar fisicamente o corpo*, a visualizar sua imagem em ação no espaço. Isso me permitiu, mesmo em um quarto de hotel, criar minhas propostas para uma cena a partir de pequenos impulsos.

No decorrer dos anos, o treinamento seguiu meu desenvolvimento profissional e passou por diversas metamorfoses. Existiram momentos de crise, de crescimento, de mudança. Mas o treinamento foi, para mim, um *tao*, uma via, um *modus vivendi*, uma maneira de me colocar em jogo a cada dia e de dialogar com meu ofício. Para não me deixar ser absorvida pela rotina, para não perder a capacidade de me *maravilhar*.

"Quantos sacrifícios!", ouvi algumas vezes dizerem pessoas que estudavam nossa história. "Sacrifício" é uma palavra que não faz parte do meu vocabulário. Ninguém me obrigou a me tornar atriz do Odin Teatret.

No dia seguinte àquele em que assisti pela primeira vez *A Casa do Pai*, alguns espectadores presentes na sessão matutina de treinamento aberta ao público perguntaram qual era o método do Odin Teatret. Eugenio evitou a armadilha de enunciar um método seu, escapando da necessidade que eles tinham de etiquetá-lo.

Eu assistia ao treinamento de Iben e Jens e não me entediava, assistia ao espetáculo e não me entediava. Meus sentidos eram estimulados, minha fantasia era convocada. Eugenio conseguira criar atores com credibilidade. Credibilidade para além do espetáculo. Seu modo de viver e de se relacionar com o trabalho era para mim o exemplo de uma vida coerente e plena.

Se existe um método nosso, acho que esteja contido na frase que Eugenio diz no final do filme sobre o treinamento físico no Odin Teatret: "O que quer que faça, faça com tudo de si. Parece, e é, uma frase retórica e fácil. Qualquer um pode repeti-la. Mas na realidade é dada apenas uma possibilidade: vivê-la, ou seja, concretizá-la em ações cotidianamente. E o treinamento nos lembra disso"[1].

---

[1] Trata-se do filme produzido pelo Odin Teatret Film, em colaboração com os Serviços Experimentais da Rai e dirigido por Torgeir Wethal, em 1972.

Nesse momento, meu treinamento é racionalizar e traduzir em palavras escritas o núcleo de uma vida profissional que escolhi para escapar da ambiguidade das palavras.

E também isso faz parte daquela tradição de transmissão da própria experiência à qual sinto pertencer.

Fotos de Cena:
Uma Galeria de Personagens

Roberta Carreri em *Vem! E o Dia Será Nosso.*

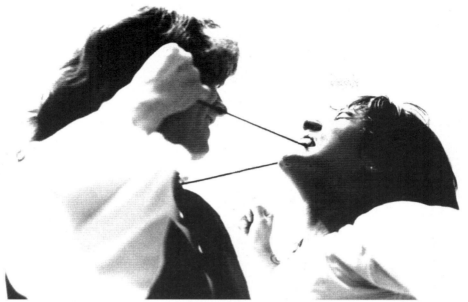

▲ Torgeir Wethal e Roberta Carreri em *Vem! E o Dia Será Nosso*.

△ Roberta Carreri e Else Marie Laukvik em *Vem! E o Dia Será Nosso*.

△ Roberta Carreri, Francis Pardeilhan, Toni Cots e Iben Nagel Rasmussen em *O Milhão*.

▽ Roberta Carreri em *O Milhão*.

◁ Roberta Carreri e Francis Pardeilhan em *O Milhão*.

△ Julia Varley, Francis Pardeilhan, Tage Larsen e Roberta Carreri em *Cinzas de Brecht*.

▽ Roberta Carreri e Francis Pardeilhan em *Cinzas de Brecht*.

▽ Roberta Carreri em *Cinzas de Brecht*.

Roberta Carreri em *O Evangelho de Oxyrhyncus*.

Roberta Carreri em *Judith*.

Roberta Carreri em *Judith*.

Roberta Carreri em *Judith*.

Roberta Carreri e Kai Bredholt em *Kaosmos*.

Tina Nielsen, Roberta Carreri, Kai Bredholt e Isabel Ubeda em *Kaosmos*.

Tage Larsen, Kai Bredholt, Roberta Carreri e Julia Varley em *Ode ao Progresso*.

▲ Roberta Carreri e Kai Bredholt em *Mythos*.
△ Roberta Carreri, Kai Bredholt e Torgeir Wethal em *Mythos*.

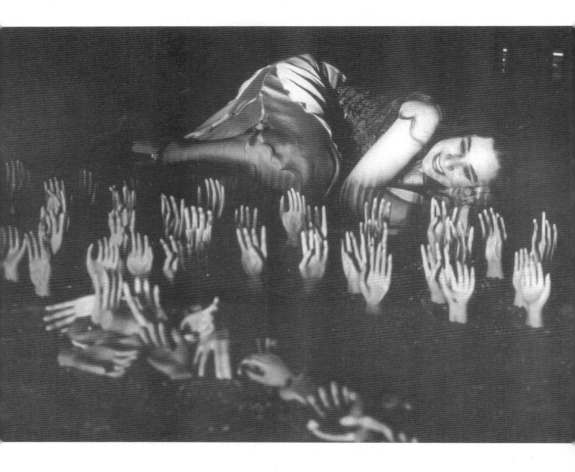

Roberta Carreri em *Mythos*.

Jan Ferslev e Roberta Carreri em *Sal*.

Roberta Carreri em *Sal*.

Jan Ferslev e Roberta Carreri em *Sal*.

▲ Roberta Carreri em *O Sonho de Andersen*.
△ Roberta Carreri em *O Sonho de Andersen*.

Apêndices

Uma Memória não Apenas e nem Inteiramente para Si Mesma:

Nota Metodológica de Francesca Romana Rietti

> Todo pensamento nasce da experiência, mas nenhum feito da experiência possui significado ou mesmo coerência ao menos que tenha passado por um processo de imaginação e pensamento.
>
> Hannah Arendt, *A Vida da Mente*

Pegadas na Neve é uma demonstração de trabalho criada por Roberta Carreri em 1988, até hoje parte integrante do repertório do Odin Teatret. Em 2005, surgiu a ideia de transformá-la em um livro onde o texto e a documentação fotográfica da demonstração dialogassem entre si. Essa é a origem linear de *Rastros: Treinamento e História de uma Atriz do Odin Teatret*. Porém, em suas raízes, para mim, existe também uma outra lógica: uma lógica própria dos paradoxos.

No Odin Teatret, com o termo demonstração de trabalho indica-se um gênero teatral, meio do caminho entre a situação pedagógica e a performativa. Neste, diferente do que acontece em um espetáculo, o ator ou a atriz desnuda sua técnica. Mostrando o próprio treinamento físico e vocal, ele demonstra e explica os princípios que regem sua presença cênica e a organicidade de sua atuação. Para revelar a lógica não linear que guia a criação de material para um espetáculo, apresenta fragmentos ou cenas inteiras. Uma demonstração de trabalho é um *estudo em ações* dos princípios que governam a profissão e a arte do ator, cujo ritmo é dado pela alternância contínua entre teoria e prática: à exposição oral dos conhecimentos e princípios teóricos (o assim chamado texto) faz contraponto à demonstração prática, e vice-versa. Na estrutura de uma demonstração de trabalho, o texto, assim como uma conferência, não é rigidamente fixado e possui as características da linguagem oral. Essencialmente: pode ser corrigido, sofrer variações e adaptações provocadas pelo contexto, avançar ou recuar antecipando ou adiando a ação. Melhor dizendo, essas alterações acontecem exatamente porque as palavras que compõem o texto são inseparáveis e até incompreensíveis uma vez apartadas do corpo-em-vida de quem incorpora os princípios, executa as ações e dá vida às imagens. Quando assisto a *Pegadas na Neve*, percebo que entre palavras e corpo existe uma dinâmica de complementaridade: o corpo mostra aquilo que as palavras não podem dizer e, por sua vez, as palavras dizem o que o corpo não pode mostrar.

Como restabelecer, na solidez da página escrita, a qualidade líquida do diálogo entre texto e ações, palavras e corpo? E, sobretudo, como transformar formalmente as palavras para recriar em papel um análogo, não estático, daquele corpo-em-vida que age em cena?

Acredito que essas perguntas foram alguns dos desafios que, mais ou menos secretamente, substanciaram a composição deste livro do qual a autora parece ser, a meus olhos, guiada por esta lógica paradoxal: como manter, na passagem obrigatória do estado líquido ao sólido, a fluidez que distingue o fenômeno da presença cênica? Trata-se, se observarmos bem, da mesma lógica que governa sua profissão de atriz e educadora, seu treinamento e a criação de suas personagens para um espetáculo. Como manter, na rigidez de uma forma, o dinamismo e o fluir da vida, com todas as suas nuances? Ou seja, como buscar, por meio da forma, a via para se libertar dela.

Existe, portanto, uma contiguidade muito estreita entre o processo criativo que orienta a Roberta Carreri atriz e aquilo que a envolve na sistematização intelectual do trabalho, que é essencialmente a obstinada pesquisa das "palavras-instrumentos", capazes de transmitir a qualidade e a necessidade que orientaram a experiência. Em um processo similar, um papel determinante exerceu a ambivalente relação que liga a autora deste volume com as palavras. Se existe, de fato, uma fita vermelha que tenha atravessado a composição deste livro, dando às suas páginas uma tensão vital, é exatamente a coexistência da desconfiança nas palavras (declarada pela autora na introdução) com a necessidade de confrontar-se com elas. Não existe um espetáculo ou atividade do Odin Teatret do qual Roberta Carreri não tenha participado sem haver escrito um diário ou um caderno de anotações. Não é, talvez, também esse um dos paradoxos que guiam a escrita dessa atriz?

É como se, subterrânea, existisse nela a consciência de que só a palavra escrita pode ser capaz de recriar um análogo de longa duração das imagens que o corpo-mente do ator encarna, com a precisa intenção de imprimi-las de forma indelével na memória do espectador. Fugir da ambiguidade das palavras sim, mas, através delas, criar memória. Uma memória não apenas, e não inteiramente, para si mesma – privada –, mas que transmite: a página escrita contém a tensão capaz de não dispersar a experiência.

Antes de alcançar sua versão definitiva, *Rastros* conheceu diversas hipóteses de estrutura, muitos rascunhos, infinitas frases apagadas, correções e revisões. Alguns dos capítulos, na maior parte dos casos acompanhados por fotografias da demonstração de trabalho, seguem com maior fidelidade o texto de *Pegadas na Neve*. Outros foram reescritos segundo uma lógica diferente e complementados com fontes variadas: fragmentos dos diários de trabalho dos espetáculos, anotações feitas durante diversas situações pedagógicas e trechos de cadernos escritos no curso de viagens realizadas individualmente e com o grupo. Completamente novas em relação à estrutura da demonstração de trabalho são, pelo contrário, tanto as incursões à vida privada como as partes autobiográficas que revisitam um arco cronológico precedente à entrada de Roberta Carreri no Odin Teatret, em 1974. Ou ainda, os três capítulos dedicados de forma mais aprofundada a três espetáculos: *O Evangelho de Oxyrhyncus, Kaosmos* e *Sal*[1].

Em relação à possibilidade inicial de traduzir *Pegadas na Neve* em livro, hoje estas páginas me parecem essencialmente o resultado da metamorfose sofrida pelas palavras em sua passagem da linguagem oral à escrita e a dilatação sofrida pelo corpo em sua passagem da cena ao papel.

Entre as tantas páginas arrancadas e apagadas deste livro, existe uma a que sou particularmente apegada. Trata-se de um fragmento do diário escrito por Roberta Carreri durante a viagem à Alto Volta, em junho de 1982. Minha colaboração com Roberta começou assim: transcrevendo ao computador uma cópia datilografada desse diário de viagem. Na verdade, quando o datilografei, em janeiro de 2006, não sabia nada sobre o livro em que Roberta havia já começado a trabalhar.

---

1 Trata-se, respectivamente, dos capítulos "Mármore", "A Anotação das Improvisações" e "*Sal*".

O interesse e a curiosidade provocados pela leitura destas páginas foram a motivação que me guiaram e impeliram no decorrer de todo o período de trabalho juntas.

Assim, em respeito à lógica paradoxal que, para mim, inspirou a criação deste livro, aproveito-me dos privilégios que a última página me oferece para fazer reaparecer uma de suas páginas "arrancadas". No mesmo diário de viagem, Roberta cita Eliot: "Aquilo que chamamos princípio é com frequência o fim e terminar é começar. O fim é de onde partimos". Assim, também para mim, o início do trabalho será também seu final.

> Vejo os grandes baobás estenderem em direção ao céu aquilo que a tradição quer que sejam suas raízes. Aqui se diz, na verdade, que todas as coisas que estão sobre a terra caíram do céu. O baobá é uma árvore que caiu de cabeça para baixo. Suas raízes são a morada das almas dos mortos.
> Em uma pausa paramos não muito longe de um daqueles baobás e peço a Mette[2] que tire uma fotografia. É impossível alcançar seus galhos que começam a estender-se a vinte metros da terra, então eu me contento em trepar em suas raízes e entrar em uma fenda do tronco. Os galhos são as raízes, as raízes são os galhos.
> Quantas almas de mortos moram naquele baobá?

Que as palavras deste livro, cujas raízes penetram na terra da experiência, possam manter a constante aspiração dos galhos de estenderem-se, infinitamente, em direção ao céu. Um céu que não é apenas e nem inteiramente para si.

Roma, dezembro de 2006

---

[2] Trata-se de Mette Bovin, antropóloga dinamarquesa, inspiradora da viagem à África à qual é dedicada a segunda parte do capítulo "Gerônimo e o Teatro de Rua", deste mesmo livro.

Passos Atrás:
Posfácio de Nando Taviani

Apesar da boa vontade, do recíproco respeito, da admiração, do afeto, quando um espectador e um ator (espectador ou espectadora; ator ou atriz) colocam-se a falar um diante do outro daquilo que ocorreu entre eles – o espetáculo –, criam-se quase sempre inconvenientes.

Como assim a atriz autora deste livro pediu justo a mim que escrevesse o posfácio? Por que não pediu a um ator?

Era uma vez, na Cidade do México, um teatro resplandecente, uma das últimas noites do Carnaval de 1840. Apresentava-se ali, pela primeira vez, madame Pauline, estrela cantora e bailarina de uma companhia francesa de música e prosa. Entrou triunfantemente em cena, dançando. Ao fim de uma série de piruetas magistralmente executadas (a rica saia ficara inchada como um balão), Pauline colocou-se ao centro do palco, ereta sobre as pontas dos pés, os braços erguidos em arco sobre a cabeça. Esperava o aplauso. Recebe em resposta um gelo pior que vaias. Permaneceu ali, em precário equilíbrio, fremente e furiosa, em cheque. Os espectadores, diante dela, quase petrificados.

Madame Pauline chegara há pouco naquele teatro com sua companhia. Vinham de Paris. Haviam dito: "Partimos à conquista do México!" Queriam conquistar os espectadores com o bom gosto, o saber viver, a nata da civilização e da Europa: sexo e sorriso, músicas excitantes e confusões amorosas apresentadas para o riso, sem melodramáticas violências. Madame Pauline havia, para tanto, decidido apresentar-se em cena no máximo da sua elegância: desejava um belo vestido novo. Ainda que não esperasse encontrar um naquele atrasado país do outro lado do oceano, visitara uma costureira local. Essa mulher tinha, porém, o vestido perfeito, não exatamente à venda, mas à espera de uma ocasião especial. À atriz estrangeira, parisiense, cederia o vestido com prazer. Valia uma fortuna. Faria um preço de ocasião. Tudo de finíssima renda, solenemente bordada, com laços de cetim ornados de ouro que sustentavam, a intervalos regulares, o drapeado da saia.

Madame Pauline nunca vira um vestido assim, nem mesmo em sua Paris. Pegou-o a crédito, sob garantia do iminente faturamento com o espetáculo: poucos ajustes e pareceria sob medida. As senhoras nos camarotes se enfeitariam para a noite de estreia, contudo apenas quando ela, Pauline, houvesse entrado em cena, veriam de que é feita uma verdadeira dama, uma verdadeira *primadonna*. Saboreariam a nostalgia da Europa e do teatro, porque aquele vestido rico e magnífico ela saberia animar e transformar em algo quase sobrenatural. Sabia como fazê-lo. Provou o vestido. Podia planejar e prever a estupefação do público.

Mas não *aquele* tipo de estupefação.

Golpeada pelo gelo como por uma bofetada, desceu das pontas dos pés (devia dar contínuos passinhos imperceptíveis para dar a impressão de estar imóvel) e repousou em primeira posição. Abaixou os braços. Às vezes ocorriam aplausos irrompidos com alguns segundos de atraso. São os melhores. Espera. Mas logo entendeu que era inútil. Da outra parte da ribalta algo de inesperado estava acontecendo: uma onda de reprovação, superioridade e desgosto. A onda se rompeu em cem murmúrios, causando discussões em voz baixa, gestos embaixo e em cima, entre camarotes e plateia. Sobretudo as espectadoras davam-se o que fazer, enquanto pais, maridos, irmãos, amigos, pretendentes e namorados faziam barulho para dizer às senhoras que parassem de fazer barulho. O espetáculo seguiu em frente, mas não havia modo de corrigi-lo, naufragava na indiferença. Não porque os espectadores estivessem apáticos, ao contrário: estavam despertos e ativos, falavam em voz alta – mas entre eles mesmos. Acontecia um novo drama e os espectadores o estavam encenando por si mesmos e dele os atores nada sabiam. Um pesadelo.

É preciso mesmo saber que pouco menos de um mês antes (a celebrada companhia parisiense não havia ainda posto os pés na cidade), estivera na Cidade do México uma condessa admirada por sua jovem beleza, recém-casada. Sua tragédia comovera a todos: haviam-na encontrado morta uma manhã, sem um porquê e sem doença prévia. Para o funeral fora vestida com seu vestido de noiva. O cadáver atravessara descoberto as ruas da cidade, mergulhada em lágrimas. Ela parecia dormir, pálida, serena e belíssima em seu vestido mais bonito que nunca. E assim foi sepultada na capela da família.

Sim: o vestido precioso da jovem esposa-cadáver havia sido subtraído da tumba, passado de um a outro receptor até chegar ao armazém daquela costureira que, ao invés de expedi-lo para longe, teve a imprudente ideia de vendê-lo ali mesmo, à atriz estrangeira. A surpreendente entrada em cena de Pauline, para ela mesma elegantíssima e fascinante, transformou-se, para os espectadores, em revoltante exibição de autodenúncia de uma ladra de túmulos. Após aquele escândalo, a Cidade do México adotou o hábito de desnudar os cadáveres dos ricos antes de sepultá-los, para não induzir em tentação coveiros e sacristãos. *No hay mal que por bien no venga*.

Narra a história uma espectadora, madame Frances Calderón de la Barca, americana de Boston, mulher do embaixador da Espanha (quando jovem havia se chamado Frances Erskine Inglis). Permaneceu na Cidade do México por poucos anos, entre 1839 e 1842. De volta a Boston, deu ao periódico *Life in Mexico*, em 1843, cinquenta e três cartas de uma capital provinciana e um pouco bárbara. Entre seus amigos bostonianos estava o quase cego William H. Prescott (que naquele mesmo 1843 publicava a grande descrição histórica *The Conquest of Mexico*); também Longfellow, Emerson e Hawthorne. Este último, após ter escutado a história de madame Pauline, foi ouvido exclamar: "Sedutora tragédia!"

A grande dama Frances Erskine Inglis, nome de casada Calderón de la Barca, ficou bastante perplexa: que tragédia? A ela a história parecia engraçadíssima. E por que sedutora? O fedor de túmulo estava ainda naquele vestido de morta! O amigo escritor replicou: "Tragédia, senhora, grande tragédia. O Eros da tragédia como melhor não se saberia realizar".

Pode ser.

Porque, em verdade, pode ser que tenha sido apenas e para todos uma piada hilária e terrível distorção do quiproquó – como a viu de seu camarote a consorte americana do embaixador da Espanha e talvez a maioria com ela. Pode ser que para ao menos um dentre os espectadores houvesse, na verdade, emergido, naquele teatro ao fim do Carnaval de 1840, a perfeição da sedutora tragédia em que pensava Hawthorne. Pode ser que um dos espectadores, ao ver Pauline entrar em cena dançando – talvez um apenas, enquanto os outros começavam a fazer estrondo –, houvesse se divertido com o mérito e o espanto de uma morta desperta com alegria no rosto. Talvez tenha contemplado com horror e libertação o irromper da bailarina ao ritmo da música leve, delicada e resoluta no caminhar, como se fosse uma alegria *querendo levá-lo embora consigo*.

Quando um espectador começa a falar ao ator ou à atriz daquilo que viu enquanto ele ou ela fazia o espetáculo, deveria sempre recordar-se da anedota de madame Pauline, de seu vestido e de seus espectadores. Arriscam-se sempre inconvenientes.

"Mas como não entendeu? Você não assistiu ao espetáculo?", pergunta o ator ao espectador. "Mas como, você não quis me fazer entender exatamente aquilo que vi?", pergunta o espectador ao ator. Em geral, é melhor não avançar na discussão. Corre-se o risco de, em poucos passos, cair nos mais insípidos e tristes lugares comuns do teatro. "Ah, os espectadores têm certas ideias que nos levam a perguntar onde as pescam", dizem a si mesmos, às vezes, os atores, sacudindo a cabeça. E sobre os espectadores, acrescentam: "Não têm olhos, veem apenas aquilo que pensam". Os espectadores, em resposta, balançando também a cabeça, e também julgando: "Os atores?", dizem, "tão bons enquanto estão em cena, mas depois, assim que saem do palco, percebe-se que não pensam em nada daquilo que fizeram! Fazem e não entendem".

Tristezas. Julgamentos fora de lugar.

As diferenças dependem da geometria. E os inconvenientes são a outra face daquela contradição que torna densa e viva a relação. Temos pontos de vista opostos, nem sempre contrastantes, mas que fatalmente se espelham. E os espelhos *parecem* bons e sinceros porque não refletem a imagem de cabeça para baixo, não a deformam – e, contudo, invertem direita e esquerda. É exatamente por isso que são interessantes, fontes de jogos e presságios, nunca inocentes. Por vezes, abomináveis.

É possível dizer que o incômodo do espelho amplia o valor de estar no teatro na mesma medida em que gera fonte de equívocos. E que livros como este, no qual uma profissional da cena assume para si a responsabilidade e a fadiga de falar em primeira pessoa, desvalorizam esse incômodo ainda mais, buscando "traduzir em palavras escritas o núcleo de uma vida profissional escolhida para escapar da ambiguidade das palavras", como a autora escreve na última página. Ainda que seja estranho.

Por motivo de alfaiataria, uma vez a autora deste livro reagiu como se tivesse vontade de me atacar. Fazia piada, naturalmente, mas dei, automaticamente, um passo atrás: a energia era a mesma: "Mas que *diiisse*!? Um vestidinho de quatro tostões? Sabe quanto me custou esse vestidinho, como você o chama? Nem sequer se dá conta que é, ao contrário, um vestido elegante?" Não tinha me dado conta. E pode ser...

Como ao final de um alegre banquete os comensais, um pouco por brincadeira e um pouco por despeito, se bombardeiam com bolinhas de miolo de pão, ela continuava a me informar: onde havia comprado o elegante e leve vestidinho (em não sei qual boa loja de Milão), quanto tinha pago (muito), qual era o modelo, qual o tecido (quem saberá). A mim, tinha parecido uma roupa para ficar em casa. E o que é pior é que continua a parecer, a cada vez que sou espectador da cena de Roberta Carreri na demonstração de trabalho intitulada *Os Ventos que Sussurram no Teatro e na Dança*. Cena que, em seu livro, apenas menciona.

Ao se levantar da cadeira onde espera sua vez, a atriz Carreri leva consigo uma caixa, ou talvez um elegante bauzinho. Veste, mal entendo, "um vestidinho de quatro tostões". Depois, no decorrer da ação (cerca de vinte minutos), tira do bauzinho outro vestido e o coloca. Ao fim, tem um pequeno véu e o longo vestido pesado e bem estruturado de uma dama do início do século xx. Toda em negro. Muito elegante. Muito *em cima*. Recita Joyce, Molly Bloom. Será talvez por causa do desejado contraste com a imagem final da atraente senhora, em vestido de luxo, que vi, e continuo a ver, o vestidinho de qualidade do início (leve e todo moderno, envergado com o passo de uma figura quase em tom menor) como humilde e insignificante?

Não tem importância. É um pequeno desentendimento. Existirão outros. Àquela cena voltarei, como a um fio condutor.

Para os atores, o espetáculo é um ponto de chegada. Para os espectadores, um ponto de partida.

Os atores, quando representam, gozam de uma visão dupla, têm presente tudo aquilo que naquele instante ocorre à sua volta e também, por completo, o rio do espetáculo, aquilo que foi e o que está para ser. Passadopresentefuturo. Nos subterrâneos de sua memória ficam sedimentadas as escolhas que os conduziram ao resultado, as diversas histórias, os afluentes mortos e apagados, os itinerários e os desvios interrompidos, ensaios e intenções, feias cópias esquecidas. A atriz sabe (acreditando talvez não lembrar) de onde vem aquele movimento que faz agora, quantos outros movimentos foram eliminados. Sabe de onde vem seu figurino, como o escolheu e quantos outros descartou.

Os espectadores mal têm tempo de ver qualquer coisa e já vão de cabeça em direção àquilo a que estão inclinados. Quanto melhor a atuação, quanto mais viva é a relação, mais desorienta ou mesmo abala o espectador e tanto mais os equívocos são incitados e se multiplicam. Existiria um modo de tornar a comunicação inofensiva, sem equívocos: bastaria mostrar aquilo que existe para ser entendido e nada mais, evitar estimular os sentidos e a imaginação futura de quem assiste. Mas então, entende-se, a relação entre os atores e os espectadores se transformaria em uma separação contraposta. O espectador que entende tudo logo se cansa. Sem espelhos, pacienta um pouco, depois entrega-se ao cansaço e mesmo à raiva contra os atores que o entediaram, como se ao entediá-lo fizessem algo de mal diretamente a ele, precisamente contra ele. Ou então, se está em uma poltrona confortável, afunda-se nos próprios autárquicos pensamentos. Nos casos mais afortunados, adormece.

Não acontece que o sal do teatro são exatamente os mal-entendidos? Se a relação é densa e viva, não o é por ser animada pela dialética de equívoco e mútua compreensão?

Não quero dizer que o espectador entenda sempre e sistematicamente ao contrário, ou que quem está em cena não pensa no sentido que ganha aos olhos do espectador aquilo que faz. Quase sempre, com certeza, pensou e pensa. Sabe e sabe sabê-lo. Porém não em tudo e por tudo. Sempre a parte mais eficaz de sua presença põe em movimento associações de ideias e de impulsos que, na mente de quem o assiste, movem-se por uma lógica que o ator não poderia prever. Também cada espectador, de fato, tem seu subtexto. E erra se presume que aquele ator ou aquela atriz teve a intenção de fazê-lo ver exatamente tudo aquilo que viu. Aquilo que os nossos olhos acabaram de tocar logo é misturado com o resto que *vê* a matéria fechada no escuro da cabeça e da coluna (os olhos, por sua vez, não são maquininhas fotográficas, mas matéria cerebral que aflora à luz), e depois de o ter fulminantemente misturado com os subtextos pessoais e mais ou menos conscientes, fulminantemente o condensa em memória. Esta memória, quando consolidada, é difícil de ser colocada novamente em jogo. Torna-se um verdadeiro e próprio objeto. Possui todas as características subjetivas do que chamamos "objetivo". Um vestido de passeio? Imagina!

Dos espetáculos vistos, lembramos, sobretudo, daquele filme cerebral com o qual nossa mente continua a criar o espetáculo por si mesma, e podemos mesmo dizer que no teatro vemos como se já nos lembrássemos. Poderíamos, da mesma forma, dizer que quem representa age como se continuamente apostasse no sentido em que as próprias intenções assumiriam aos olhos de quem observa as ações. A comunicação teatral, quando bem feita, é um jogo de azar?

Não são as palavras que são ambíguas, mas as relações. Todas e por definição.

Quando era jovem, sabia ladrar bastante bem. Uma das brincadeiras das noites de verão, nas férias no mar, consistia em começar a ladrar, causando mais latidos. Todos os cães dos arredores, de repente, respondiam. As pessoas se alarmavam; nós, amigos, nos divertíamos. "Atenção", me disse um amigo, "que eles, os cães, entendem você, aquilo que você mesmo não entende quando late!" Era um tipo prudente: "Se você *putacaso** lhes manda uma mensagem de que ignore o sentido, mas eles, os cães, a reconhecem e *putacaso* fiquem putos, e se *putacaso* correrem contra nós, para onde escapamos?"

Quem atua também envia mensagens aos cães. Não são poucos os cães metafóricos que se escondem no fundo dos espectadores. Deles vem o que de melhor e pior acontece no teatro. Na experiência cotidiana, os mal-entendidos são desagradáveis. No teatro, podem ser o alicerce do prazer, da inteligência e, às vezes, da descoberta. Permitem a experiência de uma experiência.

Não se trata apenas de talento, graça ou inspiração da parte de quem faz o espetáculo; nem apenas de decodificação inteligente da parte de quem o assiste. Trata-se de muito mais. E esse mais, se não é exatamente uma gramática, tem em sua base um saber-fazer.

---

* Trocadilho do italiano para a expressão *per caso* (em português, "por acaso"). (N. da T.).

O livro que temos diante de nós, escrito por uma atriz, aposta na possibilidade de transmitir ao menos os rastros de um tal saber. Nós acabamos de ler e de interrogar este livro. Esperávamos agarrar o *como se faz*? Encontramos muita técnica entre as páginas, técnicas de ritmo e forma. Será que tenhamos de verdade as *agarrado*? Encontramos também a autobiografia. E a autobiografia – sabemos – quanto mais sincera menos "verdadeira" – pelo menos no sentido em que chamamos verídico aquilo que pensamos ser objetivo. Nem mesmo as indicações técnicas são objetivas. Limitam-se a parecer objetivas. Quando um artesão, um artista, explica como chega aos resultados, quando fala de como elabora suas formas, parece traçar um mapa geográfico. Mas não é geografia: é história. São sempre narrativas, também quando assumem o formato de instruções de uso e a inflexível síntese das receitas.

Nem a autobiografia nem as indicações técnicas podem estar cada qual em seu lugar. Transbordam, continuamente, umas no leito das outras. Em seu misturar-se não servem para *agarrar* alguma coisa, e, contudo, permitem tocar essa alguma coisa com um dedo. Pouco depois, nos obrigam a dar um passo atrás.

Por isso, talvez, as razões do interesse por livros como o que acabamos de ler, por seus rastros e pela sua neve. Faz-nos recuar, na direção contrária àquela na qual somos projetados enquanto espectadores, quando corremos para dentro dos nossos pensamentos, dos nossos gostos, das nossas críticas: *as reflexões*. Os passos atrás nos restituem o sabor e valor dos primeiros passos, que regulam o paradoxo elementar do teatro, o seu pecado *mortal*, segundo os antigos moralistas; seu salto *mortal*, segundo nós: colocar-se voluntariamente a assistir a outros seres humanos que voluntariamente atuam para fazerem-se vistos, em uma relação espelhada, baseada materialmente na inversão e na ambiguidade. Sua esquerda é a nossa direita, e vice-versa, seja do ponto de vista material seja, sobretudo, no sentido figurado. Eles compõem esculturas e as transformam em música. Nós, os espectadores, vemos música ilustrada e a recordamos como imagem e escultura. A passagem da escultura para a música era o argumento da monografia em que Roberta Carreri pensava quando não sabia ainda saber da própria decisão de passar para o lado dos atores.

Tocar com um dedo não quer em absoluto dizer que não se saiba (quase) nada. É o único modo de registrar outros sabores. (Tão logo tocamos com a mão, ou melhor, com a mão inteira, o sabor daquele outro que nos é desconhecido se dispersa. Voltamos a reconhecer nossa velha mão, a sua pegada, e não a iminência de uma relação, de uma ligação ambígua).

A experiência teatral, pensando bem, poderia ser condensada em poucas palavras: trata-se de muito mais.

A autora deste livro, após um certo titubear, intitulou-o *Rastros*. Em que sentido? Existem rastros que são apagados para impedir que quem nos procura nos encontre. Existem rastros que são estragos, como quando padre Brown* quebrou, com uma guarda-chuvada, uma vitrine e disseminou outros despeitos ao longo da estrada para ser rastreado. Existem rastros como relíquias de pessoas que partiram. E rastros que dão a impressão de termos vistos uma "coisa" que, enquanto coisa, não está lá, como na física nuclear. Existem rastros que são pegadas a serem pisadas novamente. E rastros deixados para despistar. Os rastros como esquema de um discurso a ser feito. Ou no sentido de quantidades mínimas, não mensuráveis, mas significativas, como são os "traços de substâncias" nas análises químicas. Etecétera. Mas para mim é esse último (além dos estragos) o sentido que mais faz pensar: como em um livro o teatro aparece não só como argumento mas também como traços, rastros da substância.

A maneira como Roberta Carreri construiu este livro-espelho consiste na oscilação entre páginas autobiográficas, diários de trabalho e indicações técnicas. Uma equivalente oscilação regula também a demonstração prática de *Pegadas na Neve*. A mesma maneira artesanal rege sua cena para *Os Ventos que Sussurram no Teatro e na Dança*, que, neste livro, como disse, é apenas citada. Também aquela cena mira a complexidade por meio de uma simplicidade que desarma. Receitas profissionais, a própria pessoa e algumas personagens: três rastros. Entendemos que dois rastros não seriam o bastante. Não bastariam para desarmar os reflexos condicionados.

Assisti muitas vezes àquela demonstração de trabalho, desde quando apareceu fresca e imprevista ao público durante a sessão da Ista dedicada à relação entre o teatro e a dança, em Copenhague, em maio de 1996.

---

* Personagem de ficção criada pelo novelista inglês G. K. Chesterton, famoso na Itália graças à série de televisão *I racconti di padre Brown* (N. da T.).

Acho que na época ninguém, nem os atores nem seu diretor, achava que a demonstração fosse algo a ser mantido no repertório. Estava prevista como uma intervenção casual, um tipo de mesa redonda e ilustrada na qual três atrizes e um ator do Odin apresentavam os diversos modos em que cada um deles pensava a oposição e a identidade entre teatro e dança. Os quatro interlocutores acompanhavam palavras e ações, usando os figurinos de uma ou mais personagens. Surge a surpresa (o primeiro a ser surpreendido foi mesmo Eugenio Barba), uma obra já pronta, um *pamphlet* cênico irônico, saboroso, conciso, um pequeno destilado de saber teatral. Permaneceu no repertório do Odin e continuam, ainda hoje, utilmente a apresentá-la.

Quatro cenas, na ordem: Julia Varley, Roberta Carreri, Iben Nagel Rasmussen e Torgeir Wethal. Com acordeom, violão e violino intervêm Kai Bredholt, Jan Ferslev e Frans Winther. A segunda cena, da autora deste livro, parece de uma desconcertante simplicidade, porque aponta diretamente para a cabeça do espectador e em parte a desarma. Desnuda e torna palpável aquilo que, de costume, trabalha entre o lusco e o fusco de cada cérebro.

Chega com seu "vestidinho", pousa o bauzinho colorido que trouxera consigo, nele apoia-se, deitando no chão, como se fosse a cabeceira de um divã, e começa a narrar. Desde seus primeiros passos como atriz, dança e teatro – diz – foram um a face do outro. Não fala como em uma lição ou em uma conferência. Representa. Tem tons e movimentos apropriados e precisos, segundo o desenho de uma partitura cênica composta com extrema qualidade. Então para de falar, começa a música e ela dança. Notamos (fomos pré-advertidos, senão provavelmente muitos de nós não teríamos mesmo percebido) que o desenho dos movimentos se repete, aqui e ali dilatado, mas substancialmente idêntico. Vemos que as ações físicas, que antes pareciam feitas para as palavras, agora mantêm sua forma e independente consistência em relação direta com a música. Corta a música. Sobre o vestidinho moderno e leve a atriz coloca um figurino pesado de época. Transformou-se em uma atraente senhora, outras palavras vêm e a mesma partitura se repete, dessa vez para dar vida ao monólogo de Molly Bloom.

Foi explicado a nós que tal sequência, ou partitura, de ações provém de uma relação longínqua com outra figura e outra história, distante e separada: a iconografia da Madalena aos pés da cruz. Mas pode ser que me lembro errado e esteja sobrepondo fatos diferentes. Talvez a partitura houvesse sido originalmente composta com base naquilo que assistiríamos ao fim: o monólogo de Molly Bloom. Não importa. O que importa é que, a cada vez, as ações e as entonações, heterogêneas de nascimento, ficando idênticas, adaptam-se perfeitamente às diversas palavras ou à música que dançam. Parece, enquanto as tocamos com os olhos, que pertencem apenas à relação em que as vemos cada vez. Os finais das relações mudam, porém a congruência da forma e de seu significado parecem a cada vez terem sido feitas necessária e propositadamente apenas para cada caso. Um virtuosismo? Um truque?

É o desnudamento de uma célula elementar e viva do teatro observada como que sob as lentes de um potente microscópio. Eis como ganham corpo os *fatos* da cena, como a ourivesaria da ação toma carne e sentido nas nossas cabeças; eis de que modo a ação pode mudar de identidade, como do dia para a noite, permanecendo imutável o dinamismo que a desenha e anima. Percebemos – o sabíamos muito bem, mas agora percebemos – que na realidade o que está trabalhando, ao menos tanto quanto a atriz, é a nossa cabeça. Ali dentro cresce a congruência entre o gesto e a palavra, entre o movimento e a música, colorida como algo de único e unitário a que interpretamos, julgamos e metabolizamos como um todo inseparável. Nós verdadeiramente *percebemos*, porque a visão *corrige* nossos automatismos do pensamento em relação à dependência ponto por ponto entre a linha da partitura física e a partitura musical ou narrativa. O microscópio nos mostra que os diferentes pontos das duas linhas se correspondem e se fundem, mas não nascem um do outro. Essa unidade é o resultado de uma ligação de juízo: é um "um" que nasce de "dois" – da diversidade e da autônoma e precisíssima coerência interna de duas composições separadas e separáveis. De maneira que dão à luz, por assim dizer, unidades inseparáveis e diferentes, não comparáveis, se não fossem comparadas uma atrás da outra, direta e repetidamente, sob nossos olhos. Aquilo que permite às duas partituras (física e vocal) dar à luz diversas composições é a precisão que as torna autônomas.

E vemos então o que acontece: apenas percebemos e já acreditamos ter tocado o todo com a mão. Não é verdade: tocamos apenas com um dedo. Uma vozinha petulante dentro da nossa cabeça nos diz: "Claro! Eu saberia repetir!" E não é verdade. Tente e verá. Tente e, ao repetir, verá a si mesmo sobre o corpinho frio de um exercício que não serve para nada. Melhor dar um passo atrás.

Bastam mesmo alguns passos atrás, a distância de um pouco de bom senso, para perceber que exercitamos o exercício para fazê-lo deixar de ser exercício. E que a demonstração de trabalho é eficaz pelo seu reverso: o trabalho da demonstração. Parece feita de indicações, mas, na verdade, quando funciona, condensa um nó de caminhos e, enquanto diz uma coisa, faz outra. Diz: "Veja como se faz", e faz uma coisa que não teria sentido repetir. É uma trama que nos leva consigo, até que, quando dá certo, quase por acaso, tocamos com um dedo.

Tocamos o quê?

Às vezes, ver, rever imediatamente e rever de novo é um modo de captar brevemente o sentido de uma longa história profissional, de uma biografia e, no fim das contas, de uma pessoa.

Alguns de nós talvez tenhamos tido a sorte de encontrar um artesão ou artista, um professor ou mestre, que se pedirmos que explique como se controla um difícil nó técnico, não responde, mas simplesmente faz com que vejamos e revejamos. Contudo seu "saber-fazer" nós já conhecíamos. *Como* se faz, não basta ver para entender. Queremos que explique. E ele não, não explica nada: faz com que vejamos novamente cada ruga. Não fala, ou fala de outra coisa e, no entanto, repete, repete, repete, muda o ritmo, a velocidade. Às vezes, concentra-se. Às vezes, parece distraído. Às vezes, parece temeroso de não conseguir fazê-lo. Às vezes, repetindo, fica satisfeito. Mostra a dificuldade. E então, exibe o aristocrático desdenho pela dificuldade. Com os olhos acena, quase para nos dizer o quanto é fácil. Não o é em absoluto. Crescem em nós novas perguntas, mas enfim entendemos que cairiam no vazio.

O que nos mostra, na verdade?

Não o quanto é bom (já sabíamos). Não que seja um daqueles para quem o silêncio vale ouro (entendemos, finalmente). Não que se diverta em nos confundir (por um momento chegamos a suspeitar, mas ele não nos está provocando, tanto é que está ali exatamente por nossa causa). Talvez esteja nos dizendo que seja preciso muito mais, e que mesmo descobrindo o segredo, no pouco tempo que temos, seja como for, não aprenderemos nunca? Está nos dizendo muitas coisas diferentes ao mesmo tempo. E por isso tem a boca fechada. É preciso paciência. Mostra o nó, a técnica, a agilidade, a duração do treinamento e, junto à atitude físico-mental, a coexistência de empenho e desempenho, de diversão e trabalho, de dedicação e autoironia. E, em suma, a particular força de espírito do jogo, que permite gastar grande tempo da própria vida em minúsculas e infinitas coisas muito difíceis, muito inúteis, até o momento em que delas consegue emanar um tipo de radioatividade que faz tábua rasa da técnica e do exercício e materializa uma imagem, uma sombra insepulta que antes não estava lá, nem mesmo nas previsões. Não sempre. Não de qualquer maneira. Não com certeza. Depende.

Primeiro, tateia-se o escuro. O escuro das mil precisões.

Lembra-se dos instantes de pânico experimentados quando criança, quando nos enfiavam uma peça de roupa que devia passar pela cabeça e, por alguns segundos, nos parecia que sufocávamos emaranhados no escuro da roupa? Então as mãos encontravam o caminho das mangas, o rosto re-emergia à luz, com o sorriso sobreposto à *agitação* do microscópico pânico. Assim, a elegantíssima senhora emerge do vestido que usa ao fim da cena de Roberta Carreri, com aquele traço infantil no rosto, enquanto conclui a dança do vestir-se. No curto tempo de uma cena, em uma demonstração a mais vozes, junto à atriz, à sua dança, à sua personagem, a sombra no final está crescendo. Nós a entrevemos. A quietude do monólogo sucessivo é aquela calma apenas convexa das águas da qual – nos romances marítimos – afloram, silenciosamente, os dorsos dos monstros e das baleias. A calma de uma atraente senhora na qual monstros estão razoavelmente perceptíveis no fundo. Como assim corre o risco de comover-me? Não devia ser apenas uma demonstração técnica?

A demonstração terminou. Estamos no teatro.

Que não é – o teatro – uma arte da imagem, como com frequência sumariamente repetimos. É, entenda-se, mas apenas em parte, talvez noventa ou noventa e cinco por cento. Aquilo que no fim das contas importa é o resto: a arte de uma imagem que vemos e que logo desaparece. Sensação de desaparecimento. Estético, certo, mas uma estética *terremotada*, que se edifica no momento mesmo em que dá forma ao seu desaparecimento. Que se edifica no desaparecer.

No livro, Roberta Carreri fala diversas vezes sobre o espetáculo *Judith*. Uma noite aconteceu de assisti-lo em seu espaço e no seu espelho, juntos. Éramos uma centena de pessoas, mas apenas poucos de nós tínhamos, por acaso, o privilégio de um verdadeiro e real espelho à disposição. E daqueles poucos, pouquíssimos se deram o direito de aproveitar até não poder mais. Que vestidinho ou roupa para ficar em casa! Se o olhar da atriz, no decorrer da apresentação, caísse sobre o espectador que era eu naquela noite, ficaria perigosamente irritada comigo – e justamente. Era um espectador do engano. Metade do tempo não olhava para ela, mas para a janela.

Estávamos em um grande refeitório, numa colônia marítima em Salento, onde acontecia a quinta sessão da Ista, no início de setembro de 1987. Ali *Judith* foi apresentado uma das primeiras vezes. O refeitório tinha enormes vidraças que davam para o mar. Era noite e por causa do escuro externo as janelas faziam espelho. Assim, podia ver em dobro: diante de mim, o espetáculo e, apenas um pouco mais à direita, a sua imagem refletida, nítida, em perspectiva lateral. Naquela perspectiva, a imagem do espetáculo parecia retocada como um filme: estatuário móvel, enquadramento determinado. Aquela nitidez, quando voltava a olhar para o espetáculo em carne e osso, parecia se gastar. Desintegrar-se um pouco. Misturar-se com a impureza do fôlego e do véu de suor, com as veias do colo, do rosto, das mãos, das canelas, com o barulho dos pés sobre o chão; com a causalidade do meu ponto de vista, dos ritmos da atenção, dos olhos que se abanavam e, às vezes, embaçavam-se. Dentro do vidro, ao contrário, o espetáculo parecia todo uma imagem pintada. Ocorreu-me com não pouco espanto que, sem perceber, estava pensando e vendo em inverso: o reflexo me parecia o original. Surpreendi-me perguntando (como uma criança que ainda se ilude de ser ela a escolher) o que gostaria de escolher: se o teatro ou a estética do vidro. Então, enquanto o teatro estava diante dos meus olhos, quase ao alcance das mãos, ele ia além, e eu sofria dois ou três abalos.

Disse a mim mesmo: é para isso que estou aqui.

Existe uma pessoa, *malgré soi*, por trás de cada pessoa. Não a vemos nunca. E menos ainda a compreende aquele ou aquela a quem ela pertence (ou de quem emana). Mas no teatro, por vezes, essa pessoa abre uma fresta. A forma é abalada. Porque ao natural não pode manifestar-se. Tem necessidade de uma forma alheia e artificial. Tem a necessidade de abalar a forma. Para isso serve a forma: não para fazer-se admirar, mas para ser abalada. Abalando-a, a pessoa insepulta abala o espectador. No entanto, quem e que coisa abala, e se é capaz de fazê-lo, isso depende. Todo o resto: técnica, saber-fazer, conta muitíssimo – mas *depende*. E é por isso que o teatro é no fundo um jogo, *play, jeu, spiel*: uma aposta. Um jogo de azar. E também de coragem.

Créditos Fotográficos

Arquivo Roberta Carreri: páginas 34, 42, 72, 131
Fiora Bemporad: página 204 (embaixo)
Tony D'Urso: páginas 35, 70, 73, 188, 189, 190 (no alto e embaixo à esquerda), 191, 193, 194, 195, 196, 197, 202, 203
Torben Huss: página 128
Guendalina Ravazzoni: páginas 51, 54, 55, 56, 61, 62, 63, 80, 81, 88, 89, 93, 94, 105, 106, 107, 108, 109, 113, 114, 119, 125, 126, 139, 140, 141, 142, 146, 169
Jan Rüsz: páginas 192, 198, 199, 200, 201
Luca Ruzza: página 204 (no alto)
Saul Shapiro: página 190 (embaixo à direita)
Rina Skeel: página 67
Torgeir Wethal: página 66

TEATRO NA PERSPECTIVA

O Sentido e a Máscara
    Gerd A. Bornheim (D008)
A Tragédia Grega
    Albin Lesky (D032)
Maiakóvski e o Teatro de Vanguarda
    Angelo M. Ripellino (D042)
O Teatro e sua Realidade
    Bernard Dort (D127)
Semiologia do Teatro
    J. Guinsburg, J. T. Coelho Netto e Reni C. Cardoso (orgs.) (D138)
Teatro Moderno
    Anatol Rosenfeld (D153)
O Teatro Ontem e Hoje
    Célia Berrettini (D166)
Oficina: Do Teatro ao Te-Ato
    Armando Sérgio da Silva (D175)
O Mito e o Herói no Moderno Teatro Brasileiro
    Anatol Rosenfeld (D179)
Natureza e Sentido da Improvisação Teatral
    Sandra Chacra (D183)
Jogos Teatrais
    Ingrid D. Koudela (D189)
Stanislávski e o Teatro de Arte de Moscou
    J. Guinsburg (D192)
O Teatro Épico
    Anatol Rosenfeld (D193)
Exercício Findo
    Décio de Almeida Prado (D199)
O Teatro Brasileiro Moderno
    Décio de Almeida Prado (D211)
Qorpo-Santo: Surrealismo ou Absurdo?
    Eudinyr Fraga (D212)
Performance como Linguagem
    Renato Cohen (D219)
Grupo Macunaíma: Carnavalização e Mito
    David George (D230)
Bunraku: Um Teatro de Bonecos
    Sakae M. Giroux e Tae Suzuki (D241)
No Reino da Desigualdade
    Maria Lúcia de Souza B. Pupo (D244)

A Arte do Ator
    Richard Boleslavski (D246)
Um Vôo Brechtiano
    Ingrid D. Koudela (D248)
Prismas do Teatro
    Anatol Rosenfeld (D256)
Teatro de Anchieta a Alencar
    Décio de Almeida Prado (D261)
A Cena em Sombras
    Leda Maria Martins (D267)
Texto e Jogo
    Ingrid D. Koudela (D271)
O Drama Romântico Brasileiro
    Décio de Almeida Prado (D273)
Para Trás e Para Frente
    David Ball (D278)
Brecht na Pós-Modernidade
    Ingrid D. Koudela (D281)
O Teatro É Necessário?
    Denis Guénoun (D298)
O Teatro do Corpo Manifesto: Teatro Físico
    Lúcia Romano (D301)
O Melodrama
    Jean-Marie Thomasseau (D303)
Teatro com Meninos e Meninas de Rua
    Marcia Pompeo Nogueira (D312)
O Pós-Dramático: Um conceito Operativo?
    J. Guinsburg e Sílvia Fernandes (orgs.) (D314)
Contar Histórias com o Jogo Teatral
    Alessandra Ancona de Faria (D323)
João Caetano
    Décio de Almeida Prado (E011)
Mestres do Teatro I
    John Gassner (E036)
Mestres do Teatro II
    John Gassner (E048)
Artaud e o Teatro
    Alain Virmaux (E058)
Improvisação para o Teatro
    Viola Spolin (E062)

Jogo, Teatro & Pensamento
  Richard Courtney (E076)

Teatro: Leste & Oeste
  Leonard C. Pronko (E080)

Uma Atriz: Cacilda Becker
  Nanci Fernandes e Maria T. Vargas (orgs.) (E086)

TBC: Crônica de um Sonho
  Alberto Guzik (E090)

Os Processos Criativos de Robert Wilson
  Luiz Roberto Galizia (E091)

Nelson Rodrigues: Dramaturgia e Encenações
  Sábato Magaldi (E098)

José de Alencar e o Teatro
  João Roberto Faria (E100)

Sobre o Trabalho do Ator
  M. Meiches e S. Fernandes (E103)

Arthur de Azevedo: A Palavra e o Riso
  Antonio Martins (E107)

O Texto no Teatro
  Sábato Magaldi (E111)

Teatro da Militância
  Silvana Garcia (E113)

Brecht: Um Jogo de Aprendizagem
  Ingrid D. Koudela (E117)

O Ator no Século XX
  Odette Aslan (E119)

Zeami: Cena e Pensamento Nô
  Sakae M. Giroux (E122)

Um Teatro da Mulher
  Elza Cunha de Vincenzo (E127)

Concerto Barroco às Óperas do Judeu
  Francisco Maciel Silveira (E131)

Os Teatros Bunraku e Kabuki: Uma Visada Barroca
  Darci Kusano (E133)

O Teatro Realista no Brasil: 1855-1865
  João Roberto Faria (E136)

Antunes Filho e a Dimensão Utópica
  Sebastião Milaré (E140)

O Truque e a Alma
  Angelo Maria Ripellino (E145)

A Procura da Lucidez em Artaud
  Vera Lúcia Felício (E148)

Memória e Invenção: Gerald Thomas em Cena
  Sílvia Fernandes (E149)

O Inspetor Geral de Gógol/Meyerhold
  Arlete Cavaliere (E151)

O Teatro de Heiner Müller
  Ruth C. de O. Röhl (E152)

Falando de Shakespeare
  Barbara Heliodora (E155)

Moderna Dramaturgia Brasileira
  Sábato Magaldi (E159)

Work in Progress na Cena Contemporânea
  Renato Cohen (E162)

Stanislávski, Meierhold e Cia
  J. Guinsburg (E170)

Apresentação do Teatro Brasileiro Moderno
  Décio de Almeida Prado (E172)

Da Cena em Cena
  J. Guinsburg (E175)

O Ator Compositor
  Matteo Bonfitto (E177)

Ruggero Jacobbi
  Berenice Raulino (E182)

Papel do Corpo no Corpo do Ator
  Sônia Machado Azevedo (E184)

O Teatro em Progresso
  Décio de Almeida Prado (E185)

Édipo em Tebas
  Bernard Knox (E186)

Depois do Espetáculo
  Sábato Magaldi (E192)

Em Busca da Brasilidade
  Claudia Braga (E194)

A Análise dos Espetáculos
  Patrice Pavis (E196)

As Máscaras Mutáveis do Buda Dourado
  Mark Olsen (E207)

Crítica da Razão Teatral
  Alessandra Vannucci (E211)

Caos e Dramaturgia
    Rubens Rewald (E213)
Para Ler o Teatro
    Anne Ubersfeld (E217)
Entre o Mediterrâneo e o Atlântico
    Maria Lúcia de Souza B. Pupo (E220)
Yukio Mishima: O Homem de Teatro
e de Cinema
    Darci Kusano (E225)
O Teatro da Natureza
    Marta Metzler (E226)
Margem e Centro
    Ana Lúcia V. de Andrade (E227)
Ibsen e o Novo Sujeito da Modernidade
    Tereza Menezes (E229)
Teatro Sempre
    Sábato Magaldi (E232)
O Ator como Xamã
    Gilberto Icle (E233)
A Terra de Cinzas e Diamantes
    Eugenio Barba (E235)
A Ostra e a Pérola
    Adriana Dantas de Mariz (E237)
A Crítica de um Teatro Crítico
    Rosangela Patriota (E240)
O Teatro no Cruzamento de Culturas
    Patrice Pavis (E247)
Eisenstein Ultrateatral
    Vanessa Teixeira de Oliveira (E249)
Teatro em Foco
    Sábato Magaldi (E252)
A Arte do Ator entre os
Séculos XVI e XVIII
    Ana Portich (E254)
O Teatro no Século XVIII
    Renata S. Junqueira e Maria Gloria C. Mazzi (orgs.)
    (E256)
A Gargalhada de Ulisses
    Cleise Furtado Mendes (E258)
Dramaturgia da Memória no Teatro-Dança
    Lícia Maria Morais Sánchez (E259)

A Cena em Ensaios
    Béatrice Picon-Vallin (E260)
Teatro da Morte
    Tadeusz Kantor (E262)
Escritura Política no Texto Teatral
    Hans-Thies Lehmann (E263)
Na Cena do Dr. Dapertutto
    Maria Thais (E267)
A Cinética do Invisível
    Matteo Bonfitto (E268)
Luigi Pirandello:
Um Teatro para Marta Abba
    Martha Ribeiro (E275)
Teatralidades Contemporâneas
    Sílvia Fernandes (E277)
Conversas sobre a Formação do Ator
    Jacques Lassalle e Jean-Loup Rivière (E278)
A Encenação Contemporânea
    Patrice Pavis (E279)
As Redes dos Oprimidos
    Tristan Castro-Pozo (E283)
O Espaço da Tragédia
    Gilson Motta (E290)
A Cena Contaminada
    José Tonezzi (E291)
A Gênese da Vertigem
    Antonio Araújo (E294)
Do Grotesco e do Sublime
    Victor Hugo (EL05)
O Cenário no Avesso
    Sábato Magaldi (EL10)
A Linguagem de Beckett
    Célia Berrettini (EL23)
Idéia do Teatro
    José Ortega y Gasset (EL25)
O Romance Experimental e o Naturalismo no Teatro
    Emile Zola (EL35)
Duas Farsas: O Embrião do Teatro de Molière
    Célia Berrettini (EL36)
Marta, A Árvore e o Relógio
    Jorge Andrade (T001)

O Dibuk
  Sch. An-Ski (T005)

Leone de'Sommi: Um Judeu no Teatro da Renascença Italiana
  J. Guinsburg (org.) (T008)

Urgência e Ruptura
  Consuelo de Castro (T010)

Pirandello do Teatro no Teatro
  J. Guinsburg (org.) (T011)

Canetti: O Teatro Terrível
  Elias Canetti (T014)

Idéias Teatrais: O Século XIX no Brasil
  João Roberto Faria (T015)

Heiner Müller: O Espanto no Teatro
  Ingrid D. Koudela (org.) (T016)

Büchner: Na Pena e na Cena
  J. Guinsburg e Ingrid Dormien Koudela (orgs.) (T017)

Teatro Completo
  Renata Pallottini (T018)

Barbara Heliodora: Escritos sobre Teatro
  Claudia Braga (org.) (T020)

Machado de Assis: Do Teatro
  João Roberto Faria (org.) (T023)

Luís Alberto de Abreu: Um Teatro de Pesquisa
  Adélia Nicolete (org.) (T025)

Três Tragédias Gregas
  G. de Almeida e T. Vieira (S022)

Édipo Rei de Sófocles
  Trajano Vieira (S031)

As Bacantes de Eurípides
  Trajano Vieira (S036)

Édipo em Colono de Sófocles
  Trajano Vieira (S041)

Agamêmnon de Ésquilo
  Trajano Vieira (S046)

Antígone de Sófocles
  Trajano Vieira (S049)

Teatro e Sociedade: Shakespeare
  Guy Boquet (K015)

Alteridade, Memória e Narrativa
  Antonia Pereira Bezerra (P27)

Lisístrata e Tesmoforiantes, de Aristófanes
  Trajano Vieira (S52)

Eleonora Duse: Vida e Obra
  Giovanni Pontiero (PERS)

Linguagem e Vida
  Antonin Artaud (PERS)

Ninguém se Livra de seus Fantasmas
  Nydia Licia (PERS)

O Cotidiano de uma Lenda
  Cristiane Layher Takeda (PERS)

Vsévolod Meierhold
  Gérard Abensour (PERS)

História Mundial do Teatro
  Margot Berthold (LSC)

O Jogo Teatral no Livro do Diretor
  Viola Spolin (LSC)

Dicionário de Teatro
  Patrice Pavis (LSC)

Dicionário do Teatro Brasileiro: Temas, Formas e Conceitos
  J. Guinsburg, João Roberto Faria e Mariangela A. de Lima (coords.) (LSC)

Jogos Teatrais: O Fichário de Viola Spolin
  Viola Spolin (LSC)

BR-3
  Teatro da Vertigem (LSC)

Zé
  Fernando Marques (LSC)

Últimos: Comédia Musical em Dois Atos
  Fernando Marques (LSC)

Jogos Teatrais na Sala de Aula
  Viola Spolin (LSC)

Uma Empresa e seus Segredos: Companhia Maria Della Costa
  Tania Brandão (LSC)

O Teatro Laboratório de Jerzy Grotowski
  Ludwik Flaszen e Carla Pollastrelli (cur.) (LSC)

Queimar a Casa: Origens de um Diretor
  Eugenio Barba (LSC)

Este livro foi impresso na cidade de São Paulo
nas oficinas da Orgrafic Gráfica e Editora Ltda., em novembro de 2011,
para a Editora Perspectiva S.A.